新しい力

The New Human Force

「私が変わります」宣言

Keiko Takahashi
高橋佳子

三宝出版

新しい力

「私が変わります」宣言

目次

プロローグ　11
未知の力を求めて　12
それは科学技術力でも経済力でもなく人間自身の力　15
「人間の力」とは　18

第一章　新しい宣言　23
未来を創る力　24
コペルニクスの転回《レボリューション》——十三年目の決断　29
時代が回る瞬間　33
「私が変わります」——変革の気概と決意　36
「私は変わりません」——終わりなき失敗の連鎖　39
本当の秩序を生み出す　42

変わらない文明は滅びる　43
「変わる」から生命の秩序が保たれる　45
なぜ、人は生まれてくるのか　48
「私が変わります」が創った歴史　51
聖徳太子、鑑真和上――高貴なる志の力
西郷隆盛と勝海舟――決戦回避の真情
ガンジー――暴力を砕く非暴力
シュペングラー、トインビー――文明の落日を観る
レイチェル・カーソン――自然の叫びに応えて
釈尊の悟り――「私が変わります」の果てに　63
究極の「私が変わります」　67
イエスが示した「私が変わります」――「罪を犯したことのない者は？」　69
「汝の敵を愛しなさい」も「私が変わります」　71
変わること――それは世界・人生の仕組み　73

「私が変わります」は時代が求めている生き方　75

第二章　なぜ変わらなければならないのか　81

変わらなかった敗者たち——始皇帝、ナポレオンはなぜあの末路だったのか　82
受発色こそが問題だった　86
受発色とは？　90
受発色の回路——四つの偽我　94
「偽我の人格」を知る——あなたはどのタイプ？　97
偽我の人格①快・暴流＝「独りよがりの自信家」　99
受信／発信／現実
偽我の人格②苦・暴流＝「恨みの強い被害者」　105
受信／発信／現実
偽我の人格③苦・衰退＝「あきらめに縛られた卑下者」　112

受信／発信／現実
偽我の人格④快・衰退＝「自己満足の幸福者」 118
受信／発信／現実
宿命の洞窟――人は皆、囚われ人 124
受発色革命こそ「私が変わります」の神髄 128

第三章　受発色革命への挑戦 133

新しい自分と世界を創る受発色革命 134
快・暴流＝「自信家」の受発色革命 135
受信の変革／発信の変革／現実の変革
カーネギー、坂本龍馬の挑戦
実践報告――世界の孤児から世界のかけ橋へ
苦・暴流＝「被害者」の受発色革命 150

受信の変革／発信の変革／現実の変革
法然、ナイチンゲールの挑戦
実践報告——怒りの暴走から「他人の悲しみわが悲しみ」へ
苦・衰退＝「卑下者」の受発色革命　164
受信の変革／発信の変革／現実の変革
ガンジー、宮沢賢治の挑戦
実践報告——卑屈を超えて魂の願いを思い出す
快・衰退＝「幸福者」の受発色革命　177
受信の変革／発信の変革／現実の変革
井深八重、桂小五郎の挑戦
実践報告——依存の奥から輝き出す癒しの光
宿命の洞窟からの解放　192

第四章　主導権を奪回する　197

あなたは人生の主導権を握っているか　198
主導権を奪回することは、人生の極意　200
すべては「主導権の奪回」から始まった　203
ガンジーの奪回
レイチェル・カーソンの奪回
釈尊の奪回
事態の「因」となる――因縁果報の智慧　209
ここから具体的に始めよう　213
人間はNoが嫌い――N線事件　215
問題を吸い込むだけで変わる　219

息子の不登校は私の責任だった
Noを吸い込んだとき、問題解決の道が
現状を書き出すだけで変わってしまう
生き方の慣性力を砕く 240

エピローグ 243

新たな荒野を生きるために 244
ビッグクロスの次元に根ざす 246

《付録》自己診断チャート——あなたの「偽我の人格」を知るために 252

編集部註 258
主な参考文献 263
著者プロフィール 264

プロローグ

未知の力を求めて

寒さに閉ざされた冬の扉《とびら》が次第に緩《ゆる》み、やがて冷たい風にも水の音にも和《やわ》らぎと温《ぬく》もりが感じられるようになる頃——。あなたは知っているでしょうか。そこには毎年決まって、けれどもまったく信じられないような神秘の劇が繰り広げられていることを——。

木々の枝々に、滲《にじ》むばかりの透明な緑葉《みどりば》が一斉に芽吹《めぶ》き始め、日ごとにその色彩を広げてゆく、その変化の営み。静かな湖面に投げ込まれた石が、揺るぎなく波紋《はもん》を広げるように、透明な緑の力は、それぞれの木々を中心に、互いに共鳴し、増幅し合い、一日一日、森の様子を一変させてゆくのです。数カ月前には、灰色の服を纏《まと》って静かに押し黙るばかりだった山々は、緑萌《も》え出《いづ》る生命となって輝き出す——。

枯れ木のように力なく、無の存在として立ち尽くしていた一本一本の木立にこれほどのみずみずしい力が眠っていたとは！　幾度そのありさまを目にしても決して馴《な》れることのできない光景です。無から有が噴出し、死から生が沸き立つ神秘の劇——。奔流《ほんりゅう》のごとく、生命が一斉に芽吹くこの季節は、生命の内に秘められた、圧倒的な力を私たちに訴えます。そして、私はいつもそのたびに、それと同じ力が、私たちの中にも息づき流れていることを教えられてきました。

水気耕栽培《すいきこうさいばい》という独自の方法によって、植物が秘めている宇宙的な生命力を実証しようとした生命科学者として知られる野澤重雄《のざわしげお》氏は、生長を阻害する様々な要因を取り除くことによって、通常は高々三十個程度の実をつけるに過ぎないたった一株のトマトから、何と一万数千個もの実を稔《みの》らせることに成功しました。ハイポニカ・トマトと名づけられたそのトマトの木は、枝の広がりが十数メートル四方にも及ぶ巨木となったのです。私たちが認識している植物の生長を遥かに凌駕《りょうが》した生命力を植物が発揮できることをその事実は示しています。

そして、宇宙とつながった、この限りない生命力は、私たち一人ひとりにも秘められています。

長らく私たち人類は人間自身に対する一つの強固なイメージに束縛《そくばく》されてきました。「人間という存在は遺伝子の変異と自然淘汰《とうた》、適者生存という論理的な法則によって、少しずつ進化してきた。そして宇宙の中で、たまたまこの地球という惑星に誕生した生命の進化の過程に立ち現れた偶然の産物である」というイメージです。自分はそんなイメージは持っていないと言われるかもしれません。しかし、実は多くの人々がそれと意識しないレベルで、様々な見方や考え方に影響を受けてきたものなのです。その結果、私たちは、人は一体どこからやって来てどこへ行くのか、何のために生まれ何のために生きているのかという存在の意味を見失い、宇宙を単なる光と闇の無機的な空間にしてしまいました。

しかし、本当は違います。宇宙の秩序は偶然の産物ではなく、人間が人間になってきた、その道すじにも一つの自発性が存在していたことを科学の新しい潮流は示し始めています。自発性とは意志であると言い換えることもできるでしょう。私たちの世界は生まれるべくして生まれ、人間という存在は宇宙の深遠な秩序の結晶として立ち現れている——。私たち一人ひとりが宇宙とつながり、その宇宙の創造と解決の力を分有しているのです。

今私たちは何よりもそのことを思い出さなければならないのではないでしょうか。それは本書を貫く切なる想いでもあります。なぜなら、私たちは今「新しい力」を本当に必要としているからです。激しく移り変わる社会の中で、変動する秩序の中で、漂流する人々の意識の中で、私たちは、未来を本当の意味で輝かせるための力を必要としているのです。

その力は、これまでに存在しなかった力ではありません。けれどもそれが発現することは稀《まれ》で、誰もが手にすることのできるものではありませんでした。ある意味で、ごく一部の限られた人々、傑出《けっしゅつ》した人物だけがその力を現すことができたのです。多くの人たちにとって、その力はいまだ知られざる力です。

「新しい力」は知識でも知力でもありません。体力でもありません。もちろん技術力でもありません。現実の社会の中で影響力を与えてきたと多くの人が感じている人脈でも財力でも、権力でもありません。それらは、確かにこれまで多くの人々が力として認めてきたものです。相変わらず人はそれらを頼みとし、それを手にしようとするかもしれません。効力もそれなりに示せるかもしれません。しかし、それだけではこれからの未来が新しく開かれることはないと私は思うのです。

それは科学技術力でも経済力でもなく人間自身の力

では、その「新しい力」とは一体何なのでしょうか――。

変貌《へんぼう》の時代二十世紀、この時代の発展を牽引《けんいん》したのは、科学技術の力であり、経済力でした。二十世紀中に生まれた科学技術を振り返ってみて下さい。華々《はなばな》しい革新の数々――飛行機、ロケット、テレビ、ロボット、コンピュータ、光通信、インターネット……。次々に新しい技術が人間の生活を大きく変貌させてきました。二十世紀の初頭――。人々はまだランプや蠟燭《ろうそく》の灯で夜を過ごし、乗物と言えば、馬車が主流で鉄道は特別のもの、もちろん車もほとんど目にすることはありませんでした。そして世の中のことを知るにも、新聞が主な手がかり……。今日の生活環境から二十世紀初頭のそれを、想像することさえできないほどです。

経済力についてはは何も付け加える必要はないでしょう。わが国は二十世紀中葉《ちゅうよう》に起こった第二次世界大戦の敗戦によって、決定的な喪失感を体験しました。多くの民衆の命が奪われ、国土は焦土《しょうど》と化し、産業も文化も大きな断絶を余儀《よぎ》なくされました。その挫折の中から、再び人々を立ち直らせ復興を遂げさせたのは、経済力以外の何ものでもありませんでした。日本という国が、世界の中で主要国としての認知を受けたのも、経済大国としての力ゆえでした。

しかし、それら技術や経済力が明るい現実だけをもたらしたわけではありません。繰り返し指摘されてきたように、科学技術の多くは軍事利用のために開発されたと言っても過言《かごん》ではなく、広島・長崎に投下された原爆をはじめとする大量殺戮《さつりく》を可能にする多くの兵器がつくられました。今や人類はかつてなかった破壊力を手にし、地球上の生命を何十回となく死滅させるだけの核兵器を保有しています。また技術の発展によって、人間は地球環境を大きく変貌させてきました。大気汚染、海洋汚染、オゾン層の破壊、森林破壊……、そのすべてが二十世紀の科学技術と深く結びついています。多くの恵みを得ながら、同時に自然には取り返しのつかないダメージを与え、環境破壊を進めてしまいました。

一方、経済力の発展は、例えばわが国の人々には豊かな文明生活をもたらしましたが、それは必ずしも全世界の発展にはつながっていません。先進国と途上国、豊かな国と貧しい国の格差はかえって拡大し、多くの人々が生きるために食べることにも困難な状況に直面させられていることは周知の事実でしょう。そして、豊かになったわが国においても、生活のたやすさは生き方の安易さを呼び、人倫《じんりん》の荒廃《こうはい》にもつながっているように思います。

つまり、二十世紀は光ばかりでなく、多くの闇ももたらした——。二十世紀とは、人間の光と闇が極まった時代だったと言えるのではないでしょうか。

そして、だからこそ、その二十世紀を牽引した科学技術の力や経済力がそのまま二十一世紀を牽引してゆくとは思えません。新しい時代は、「新しい力」を必要としています。その中心にある力、それは技術力でも経済力でもなく、人間の力、人間自身の力だと私は思うのです。

「人間の力」とは

その「人間の力」とは――。人間が人間であるがゆえに発揮できる力――。

例えば、人は自らの生存を脅《おびや》かす自然の力と闘ってきました。寒さや暑さ、風雨、積雪、嵐や洪水等々に対する対策を講じ、その脅威を克服してきました。また、人間の歴史の至るところに生じた如何《いかん》ともし難《がた》い危機を打開してきたのも、人間自身です。

貧病争《ひんびょうそう》という問題の解決にも人間の力は注がれてきました。もちろん今日に至っても、飢えのために何億という子どもたちの生命が危険にさらされ、まだ治療の目処《めど》の立っていない幾つもの難病が存在し、世界各地では民族紛争が続いていますが、これら根本的な困難に対して、二十世紀には努力とともに多くの解決が図られています。

同じ人間でありながら生じてしまう、世界に満ちている差別の現実を打開するなど、社会的な問題を解決しようとしてきたのも人間の力です。ガンジー（一八六九〜一九四八）が導いたインド独立運動にはその想像を超える可能性が示されています。

さらには、幼い頃に見たホメロスのトロイア伝説の絵を信じて、五十年以上にわたって夢を追い続けたシュリーマン（一八二二〜九〇）の遺跡発掘に見られる人間の信念の力。心に磁石のように刻印された目的に向かって突き進み、いかなる障害をも乗り越える力が人間には託されています。

八十四年の生涯に、実に千件を超える特許を取得したエジソン（一八四七〜一九三一）のように、人々が必要とし夢見てきた未来を創り出した創造の力——。

人生五十年の寿命と言われた江戸時代に、五十歳を過ぎてから、測量技術を修得し、日本全土の精密な地図を作成した伊能忠敬《いのうただたか》（一七四五〜一八一八）の鍛錬と意志の力。

あるいは、「クリミアの天使」として知られるフローレンス・ナイチンゲール（一八二〇

〜一九一〇）が示した精神の力。厳しい戦場で献身的に看護を続け、傷病兵たちに希望を与えた天使――。しかし、彼女が示した力の真価は、実はその後の人生にありました。戦場での活動のために体力を使い果たしたナイチンゲールは、その後の生涯は片時もベッドを離れることができませんでした。彼女が示したのは、そのベッドの上で、精力的に一万通を超える手紙やレポートを書き、看護制度の確立を成就《じょうじゅ》させた人間の底力でした。

人間の歴史の様々な局面であらゆる問題を解決してきた人間の力――。また想像を超える大胆な道すじを示し、新たな解答をもたらした、人間を他のいかなる生物からも超越させる創造の力――。その源である「人間の力」を私たちは求めています。

二十一世紀を迎えた私たちの前に山積する様々な問題と未踏《みとう》の新しい時代は、その力を必要としています。

そして二十一世紀を起点として、人間の力を本当の意味で取り戻すために、私たちは自ら変わることを、時代から、世界から、大きく呼びかけられているのです。

第一章　新しい宣言

未来を創《つく》る力

未来は、まったく新しい現実として創り出すことができる——。「人間の力」を現す新しい生き方の出発点において、私たちが確認すべきはこの前提です。過去、現在、未来という時の流れは、いつも同じように繰り返されるとは限らないものです。これまでがこうだったからと言って同じようにそうなるとは限らない。「こういうときは普通こう考えるもの」では打開できない事態がある。むしろ、そこにまつわる経緯《いきさつ》や事態の推移《すいい》に一切縛《しば》られることなく、過去から超越した新しい未来を私たちは創造することができる。未来のリアル、未来の真実とはそういうものです。

では、そのような未来を切り開く力の秘密とはどのようなものなのでしょうか。

その秘密が決定的に示された事実があります。時はヨーロッパの中世、キリスト教会が絶大な権力を誇《ほこ》った長く静かな時代——。けれどもそれは同時に、新しい世界の胎動《たいどう》を内に秘めた時代でした。その十六世紀中葉《ちゅうよう》に訪れた大きな精神の変革は、人類史上、最も印象的かつ象徴的な事件でした。決して動くことがないと思われた真理それ自体が、大きく

ニコラウス・コペルニクス（1473～1543）

転回し、それが想像することもできない、劇的で広範《こうはん》な影響を与えるものとなったのです。

その変革の担い手の中心は、ニコラウス・コペルニクス（一四七三～一五四三）。天動説《てんどうせつ》を覆《くつがえ》して地動説《ちどうせつ》を説いたことで知られる人物です。

ヨーロッパ中世に生きた多くの人々は、宇宙が地球を中心に構成され、すべての天体が地球を中心に回転していることを信じて疑《うたが》っていませんでした。より正確に言うならば、それはあまりにも当然で、意識することもできないほどでした。教会においてもそれは大前提であり、信仰が深ければ深いほど、自らの立つ大地は動かず、地球が宇宙の中心にあることは疑いようのない真理であったのです。

しかし、科学者の探究は、その真理を守るために複雑な隘路《あいろ》に入り込んでいました。

地上から観測される金星や火星、木星などの天体の運動は迷走《めいそう》状態とも言うべきあまりの不可解《ふかかい》さを示していたため（そのために、それらの天体は惑星《わくせい》――惑《まど》う星――と呼ばれるようになりました）、それを何とか矛盾《むじゅん》なく説明しようと、例えば周転円《しゅうてんえん》*1なるものが考え出されました。その結果、地球を中心にした天体図はいくつもの周転円を伴《ともな》った複雑なものになったのです（図表一―一参照）。

しかし、コペルニクスには、宇宙は神の意志・神の秩序を反映しているがゆえに美しく単純で完全な幾何学的な形態を備《そな》えているはずであるという信念がありました。その宇宙が、周転円によって、複雑で分かりにくく醜悪《しゅうあく》になってしまう――。そんな現実など、どうしても認めるわけにはいかなかったのです。

宇宙は、完全なる球形でなくてはならず、地球も惑星もまたその運動の軌跡《きせき》も円形でなければならない――。それがコペルニクスの思索《しさく》の原則でした。探究の結果、コペルニクスが到達した結論は、地球は、太陽を中心として、他の惑星と同様に円運動を描いている

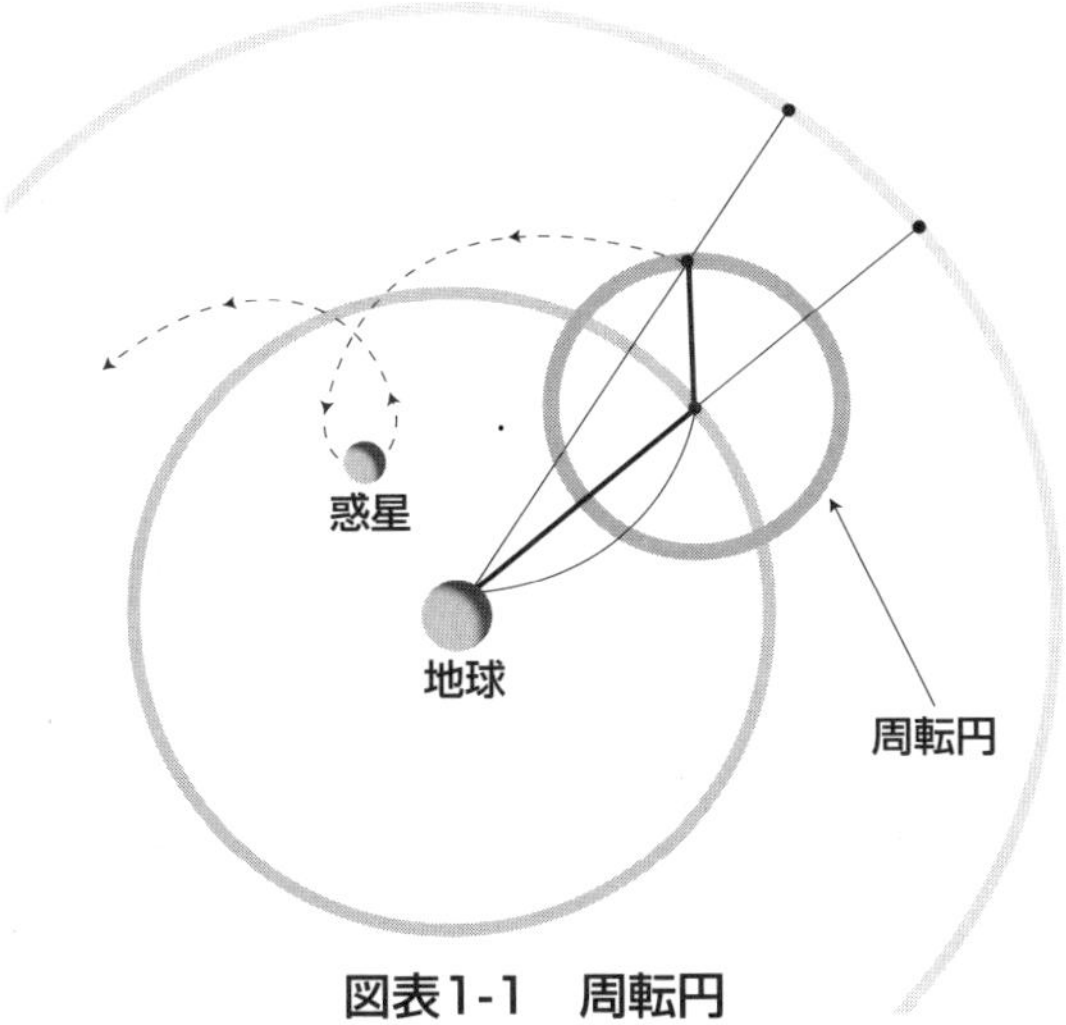

図表1-1　周転円

というものでした。つまり、宇宙は地球を中心に回転しているのではなく、地球が太陽の周囲を回っているという地動説だったのです。それは時代の真理と真逆《まぎゃく》のものでした。

学問に関する限り、コペルニクスは、当時ポーランドの貴族階級の若者たちが辿《たど》った典型的な道を同じように歩んだと言えるでしょう。地元のクラクフ大学で勉学を修めた後、イタリアのボローニャに留学。当時のイタリアは、ルネサンスの大輪《たいりん》が咲き誇っていた時期——。レオナルド・ダ・ヴィンチ、ミケランジェロなどの芸術的天才を数多く輩出《はいしゅつ》していました。

有力者でもあった叔父《おじ》の勧《すす》めもあってコペ

ルニクスはボローニャで法律を学び、その後パドヴァで医学を修め、最終的に教会法の学位を得ましたが、天文学に対する関心は冷《さ》めることなく、その日々の中で天体観測の技術などを身につけることになりました。

ポーランドに帰国したコペルニクスは、その学位から、キリスト教会に奉職《ほうしょく》することになります。参事会員という若い信徒の教育に大きな責任を持つ職務でした。法律、医学、天文学と数学……、身につけた様々な知識と技術をもって、コペルニクスは活躍します。国境を示す地図やパンの税金表を作成し、医師としてはアスクレピオス（古代ギリシアの医術神）の再来と讃《たた》えられるほどのはたらきを示し、貨幣《かへい》の改革にも取り組みました。さらには改暦《かいれき》という仕事にも応え、そのはたらきは実に多岐《たき》にわたっていたのです。

しかし、その職務の合間を縫《ぬ》うように、コペルニクスは天体についての思索《しさく》を続けていました。すでに一五〇七年頃、『天球の運動の仮説についての概要(コンメンタリオルス)』を書いて初めて太陽中心説を試み、多忙を極めていた一五一五年、主著となる『天球回転論《てんきゅうかいてんろん》 De Revolutionibus』の第一巻を書き始めています。そして一五三〇年には、この主著を完成させたのです。

「われわれを感激させ、人間的な知性の糧《かて》となる数多くのさまざまな芸術と学問の中で、人が没頭《ぼっとう》し熱中すべきものは、何といっても、もっとも美しくもっとも知る価値のあるものについて、考えをめぐらすことだと私は思う。そして、それは宇宙における不可思議な回転と、星の動き、大きさ、距離、出没、それに天における他のすべての現象の原因を扱《あつか》う学問であり、結局は世界の全構造を解明する学問である。そして、美しいものすべてを包み込んでいる天以上に美しいものが、またとあるだろうか……」

コペルニクスがいかに天体の神秘に魅《ひ》かれ、その謎《なぞ》に対する探究を喜びとしていたかが窺《うかが》い知れる言葉です。しかし、その思索の集大成であった主著の実際の発刊は一五四三年。その間、十三年――。発表に至るまでのこの歳月は何を意味するのでしょうか。

コペルニクスの転回《レボリューション》――十三年目の決断

コペルニクスはこの新しい世界観に対して、実は苦慮《くりょ》していました。この新しい根拠に基づく見解が、世界にいかなる影響を及ぼし、何を引き起こすかが分かっていたからでしよう。コペルニクスは、最終的に出来上がっていた論文に何度も立ち戻り、それを補足《ほそく》し、新しい考えや観測をさらに書き込み続け、それでも公表を逡巡《しゅんじゅん》せざるを得なかったのです。

自らの探究の結論を発表することは、即《そく》、教会と対立すること。信仰の土台である教会の見解と衝突することは避けられなくなります。それがコペルニクスの十三年の煩悶《はんもん》の理由でした。その煩悶と熟慮《じゅくりょ》の末に、彼はようやくその見解を公《おおやけ》にすることを決意したのです。

コペルニクスの『天球回転論』は、当時の科学者の慣例《かんれい》に従って、ローマ教皇に捧《ささ》げられています。そのパウロ三世への序文の中で、コペルニクスは自らが抱えていた葛藤《かっとう》を慎《しん》重《ちょう》すぎるほど慎重に吐露《とろ》しています。

「最も聖なる父よ、宇宙の諸球の回転について書き上げたこの私の諸巻《しょかん》において、私が地球にいくつかの運動を与えていることを伝え知った人々がおりましたら、その人たちは直ちにそうした意見ともども私を排斥《はいせき》すべきだと叫び出すことになるだろう、と私としましても十分予測できます。なぜなら、他の人々がそれらについてどんな判断を下すだろう

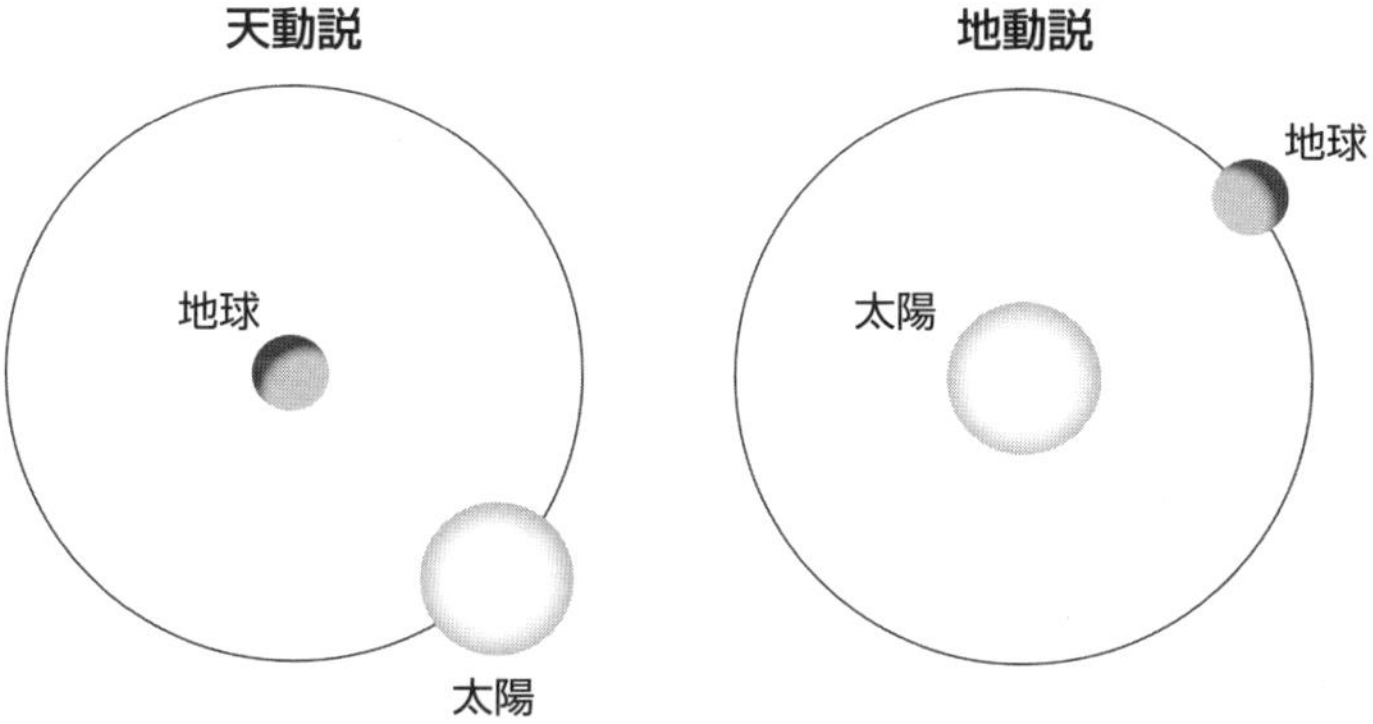

図表1-2　天動説と地動説

かと私が考えないほど、私は自分の諸巻に満足しているわけではないからです。……中略……この私が地球は動くと主張したとすると、不動の地球が天の真中に、いわばその中心に置かれているという意見が幾世紀もの判断に一致していることを知っている人々が馬鹿馬鹿しくてとても聞いてられないと判断するだろう、と私自身としても考えましたので、その諸運動の論証のために書かれた私の諸注《しょちゅう》釈《しゃく》をはたして公表すべきなのか、それとも、ヒッパルコス宛てのリュシスの手紙が示しているように、哲学の諸々の秘密をただ身近な人たちや友人たちにだけ、文書によってではなく、手ずから伝える（＝口伝《くでん》）のを常としたピュタゴラス派やその他の人々の模範《もはん》に従うので十分ではないか、私としても長い間決めかねておりました。……中略……それゆえ、以上のことを考えまして、見解の新奇さと不条理さのゆえに私は軽蔑《けいべつ》されるのを恐れて、企てた著述を全く中止してしまおうかと思ったほどでした。……」

何という歯切れの悪さでしょうか。発刊のために、ここまでコペルニクスは配慮を尽くさなければならなかった――。実際読者の多くが、その躊躇《ちゅうちょ》、逡巡の深さに驚かれるのではないでしょうか。しかし、その歯切れの悪さ、逡巡の深さはそのまま、それほど当時の天動説の正当性が揺《ゆ》るがぬものであり、教会の権力が強大極まりないものであったことの証《あかし》なのです。

その後、コペルニクス自身によれば、幾人もの学者、研究者が彼を励まし、その著述を出版するように要望したようです。その中で彼自身が、たとえその見解が何を引き起こそうと、その著述が天動説の不条理の曇りを晴らすことを確信し、出版を決意することになったのです。

すなわち、自らの心の決着をつけるために、十三年という歳月が必要だったということです。コペルニクス自身がその軋轢《あつれき》と迷いを超えなければならなかった――。そして、それを乗り越えるということは、「自分が変わる」ことにほかなりませんでした。

たとえ教会の示す真理と食い違っていても、正当な論証を経て到達した結論は、科学者として尊重すべきである。教会の見解との一致よりも、論証の正確さを求めることを旨《むね》とする――。それは、コペルニクスが「自分が変わる」ことによって科学的論証を宗教的真理から独立させた瞬間でもありました。社会から排斥《はいせき》され、人々から軽蔑《けいべつ》されようとも、自らが変わってでも果たさずにはいられなかった――。そこにどれほどの深さの変化があったのか、言葉では表し難いほどです。

時代が回る瞬間

そして、変わらなければならなかったのは、コペルニクスだけではありませんでした。この地動説、決して揺るがず、不動の中心であったはずのものが崩《くず》れ去ろうというのです。

『天球回転論』は、実は同時代に生きていた人々にも、「変わる」ことを求めてやみませんでした。

もちろん、コペルニクスの見解が当時の人々にすんなり受け入れられたわけではありません。一部の学者を除いてコペルニクスの説はほとんど顧《かえり》みられなかったと言っても過言《かごん》ではありません。その九十年後、宗教裁判では自説を否定しても、「それでも地球は回っている」と言ったというガリレオ・ガリレイによって再び地動説が唱えられたときでさえ、状況は変わりませんでした。

しかしそうした先達の歩みがあって、やがて十七世紀の科学革命という大きな変動がその姿を現してゆくことになります。「科学の知」に対する信頼は次第に確かなものになってゆきます。現代文明がその延長線上にあることは言うまでもありません。そこから生まれていった科学の奔流《ほんりゅう》は、世界の現実をまったく変えてしまいました。

世界そのもの、そしてその世界の未来を大きく転回させたその発端《ほったん》・不連続点が、コペルニクスの転回だったということです。

動かないと思ってきた大地が回転し、宇宙の中心に自分たちがいると信じて疑わなかった、その認識を砕《くだ》く――。ドイツの詩人で思想家のゲーテは、コペルニクスの業績について、このように語っています。

「公《おおやけ》にされたすべての発見と意見の中でコペルニクスの科学ほど人間の心に深い深い影響を与えたものはたしかにほかにはない。われわれの世界が丸くて、それ自身閉じているということがやっとわかったばかりなのに、早くもわれわれの世界は、宇宙の中心であるという途方もなく大きな特権を棄《す》てねばならなかった。おそらく、これほど大胆な挑戦に人類が直面したことは、かつてなかっただろう。……」

コペルニクスという一人の人間の科学的探究は、まさに世界そのものに「転回」を与えました。その衝撃は、歴史を貫いたのです。今日、一切の現実を根本的に変革することを意味する『革命 revolution』という言葉の語源が、まさにこのコペルニクスの「転回」であるという事実は、実に象徴的なことです。

大切なことは、それが、「自らが変わる」ことによって成し遂げられたということです。

コペルニクスは、宇宙が美しくなければならないという信念の下に、不動の大地という否定しようのなかった見方を打ち破りました。安定した関わりの中に安住することなく、天体観測の結果と、自らの思索の積み重ねが示している真実に、自らを委《ゆだ》ね、それまでの世界にあり得なかった新しい立場に踏み込みました。自分が変わる――。その「変化」こそが、新しい未来、新しい歴史の始まりとなったのです。

そしてそれは、現代を生きる私たちそれぞれの現実においても同じではないでしょうか。

「私が変わります」――変革の気概《きがい》と決意

そうです。私が今、何よりも伝えたいのは、「私が変わります」という言葉です。新しい現実を導き、新しい力を引き出すのは、その約束の言葉――。「私が変わります」という約束の言葉によって、私たちは今、ここから未来を変えてゆくことができるのです。

私たちを取り囲んでいる様々な現実の呼びかけは、すべてそのことを促《うなが》しているのではないでしょうか。大きな歪《ひず》みや問題を内包《ないほう》する社会の仕組みも、一人ひとりの人生にのしかかる重圧も、私たちが個人として、人間として、共同体として「変わる」ことを誘《いざな》っています。

「私が変わります。その私が世界と新しい関係を結びます」という新しい宣言――。そ

◎ 私が変わります。

◎ その私が世界と新しい関係を結びます。

図表1-3 「私が変わります」宣言

してその宣言を具体的に生きるとき、私たちは新しい現実を生み出します。私たちが自分の心のあり方、はたらき方を変革し、その心で世界に関わってゆくとき、私たちはまったく新しい未来を創ることができるのです。

「私が変わります」とは、私たちが自分の内側に変革を起こすことにほかなりません。世界に触れる、自分自身の感じ方、受けとめ方、考え方、行動の仕方を一つ一つ転換することです。「その私が世界と新しい関係を結びます」とは、感じ方、受けとめ方、考え方、行動の仕方を変革した新しい自分が、人々と新しい関わりを始め、関わる場に対して新しい言動を投げかけてゆくことを意味しています。そうすることによって、私たちの新しい現実が間違いなく開かれてゆくのです。

「私が変わります」という宣言は単なる言葉ではありません。気分で発したり、思いつきで語ったりすることのできる言葉でもありません。それは、私たちの一切の過去と未来に向かう覚悟《かくご》です。私たちが人生の中で現してきた言動とそれが導いてきた現実のすべてを受けとめた上で、それらとは異なる感じ方、異なる想い方・考え方、異なる行動で生きてゆこう、それらが決して生み出し得なかった新しい現実と未来に自分を托《たく》してみようという遥《はる》けき志です。

「私が変わります」とは、「今この時から、すべてを変える」という決意の表明なのです。この一点で一切を転回させるのだという気迫に満ちた宣言であり、コペルニクスの決断がその後の世界をまったく転回させ、変えてしまったように、それだけの気概と決意を表す宣言なのです。そしてそれは、自らの一切を托した、世界への「祈り」と化すことを願ってやまない力です。

今、眼前にしている事態、問題に対して、自分を変えてでも何とかしたいという気持ちになったとき、私たちは「私が変わります」という現実を生き始めます。新しい宣言を内から初めて発することになるのです。

その宣言は何を変えるのでしょうか。

自分を束縛《そくばく》してやまなかった憎しみが解けてきます。苦手だった他人《ひと》の中に気づかなかった光が見えてきます。どうにもならなかった人間関係が新しくなります。壁に突き当たっていた事態に道がつきます。絶対に解決不可能だと思っていた問題に解決の糸口が見つかります。自分自身が変わることで、関わりが変わり、現実がまったく変わってゆくのです。つまり、内が変わることによって、外が変わる。内外《うちそと》同時の変革が起こるということです。

驚くべき変化とともに、私たちの現実、私たちの歴史が、その一点を支点として、本当に転回し始めるのです。

「私は変わりません」——終わりなき失敗の連鎖

けれども、それとはまったく逆の生き方も存在します。

「変わらない」という生き方です。これまでの感じ方、考え方、判断の仕方、行動の仕方をそのまま続ける。生き方を変えることなく、生まれっ放し育ちっ放しのまま生きてきた、そのやり方を続けること——。まさに「私は変わりません」という生き方です。

私たちにはその選択肢《せんたくし》も与えられているということです。昨日と同じように今日を生きることも許されています。五年前の幸せを再現しようとすることも、十年前の繁栄《はんえい》をもう一度と願うこともできます。かつての栄光の歴史を繰り返すことを求めることも可能です。しかし、それが未来を本当に生きることにならないことは明らかです。

それればかりではありません。身の周りにある現実に目を向けてみましょう。人間関係において、最初はうまくいっているのに、途中からどういうわけかぎくしゃくとした関わりになって行き詰まってしまう。意欲満々で始めた仕事なのに、頑張れば頑張るほど、気持ちが空回りしていつの間にか孤立してしまっている。気になっていることがあるのに、相手との関係を壊《こわ》すのを恐れてそれを伝えられない——。

何とかしたいのにどうにもならない。閉じたループ(輪)をぐるぐると回るように、同じ現実を生み出し続けているということはないでしょうか。悪循環が生じ、矛盾はどんどん拡大し、被害も損害も増幅《ぞうふく》されるとすれば、そこには「私は変わりません」という生き方が居座《いすわ》っているはずです。「私は変わりません」という姿勢は、その状態を本当に何とかしようとはしないのです。

なぜなら、問題は自分以外の相手が原因であったり、自分には関わりのない事態が原因だと考えるからです。つまり、「私は変わりません」という生き方は同時に「世界の側だけ変わって下さい」と要求しているということです。自分はそのままでよしとする。「私は変わりません。世界の側だけ変わって下さい」と言い続けているのです。

外の事態や他人《ひと》に原因を押しつけることは、ある意味で自分がその事態に対して無力であることを認めていることになります。「あの人が悪い、これさえなければ」ということは、「自分はその事態に対しては何もできない、なす術《すべ》を持っていない」と認めることです。つまり、自分自身の無力さを何度も何度も無意識に刻印《こくいん》することになるのです。そしてそれは、事態に対する自らの敗北、主導権の放棄を意味します。

「私が変わります。その私が世界と新しい関係を結びます」という生き方と「私は変わりません。世界の側だけ変わって下さい」という生き方――。私たちの前には、その二つの道が常に示されているということです。そして私たちには、そのどちらを選ぶのかが問われているのです。

本当の秩序を生み出す

では、「自分自身が変わる」ということは、一体どういうことなのでしょうか。それは、ただ変わることではありません。

自分の意識・心が変わる。動機が変わる。目的が変わる。感じ方が変わり、考え方が変わり、判断の仕方が変わり、発言が変わり、関わり方が変わること――。そして「私が変わります」とは、困惑《こんわく》する現実を前にして、難《むずか》しい事態に直面して、まず何よりも、自分が変わることによって、道を開き、新しい可能性を引き出そうとすることです。他人《ひと》のせいにすることなく、どうにもならない現実に不満をぶつけるのでもなく、とにかく一切を自分に引き受けることによって、新しい現実を導こうとすることです。

けれども「私が変わります」とは、決して自分が折れることでも、引くことでもありません。相手に合わせることでも相手に負けることでもありません。そうした妥協や依存、屈服からではなく、本当に大切な目的に向けて、相手も人々も場も世界も一切を伴《ともな》って変わりゆくために、まず「自分が変わる」ことをその中心軸にすることなのです。

そして、大切なことは、「私が変わります」とは何でも変わればよいということでは決してありません。自分の見方や価値観、事態や人に対する関わり方を右から左に、表から裏に変えるということとは違うのです。「私が変わります」とは、本当の秩序を生み出すように「変わる」ということなのです。

変わらない文明は滅びる

そして、「変わる」ということには、単に私たちの生き方の選択肢という以上に大きな必然があります。

例えば、人間の歴史を振り返ってみても、「変わる」ということは重要です。文明文化の豊かな発展は常に、多様さがもたらす変化とともにあったと言えるでしょう。

例えば、オリエント文明の歩みを眺《なが》めるならば、そこにまさに、異質な文明と文明の出会いと衝突《しょうとつ》、そしてその融合《ゆうごう》によって変わり続けた豊かな流れが見えてきます。

人類の偉大な遺産として、今日の文明文化の源流の一つとなっているヘレニズム文明。その担《にな》い手はギリシア人のみではなく、アフリカ人やシリア人、そしてペルシア人たちなど、多様な文化を背景とした人たちでした。ヘレニズム文明は、ギリシア文明がペルシアやシリア、エジプトなどの文明と出会って生まれました。そして、そのヘレニズム文明・ローマ文明を引き継ぎ、インドなどの文明文化との統合《とうごう》を試みたのがアラブ・イスラム文明ですが、それを引き継いでヨーロッパ文明が離陸を始め、その後の近代文明へと発展していったのです。

また、インダス川流域に起こったインドの文明も、その大いなる多様さの中から秩序と豊かさがもたらされました。そこには、生態系や民族、生業《なりわい》などにおいて、違いに満ちた多様さが存在し、それゆえに生まれる変化に大きな鍵《かぎ》があったということです。

逆に、変化が止められ、停滞がそこに生ずるとき、暗転の現実が生まれることも歴史が教えています。かつてそのように豊かな文明が花開いたインドがその後、貧困に喘《あえ》ぐようになった原因の一つもそこにあるということです。例えば、イギリス植民地支配の下で行われたプランテーション農業などによって、多様な生業の相互関係から生まれていた経済循環の秩序が破壊されたことは、暗転を引き起こした原因の一つとなったと思われるのです。多様さを失って、人やモノの交流や変化の流れがせき止められたとき、すなわち、「変わる」ことができなくなったとき、文明の秩序は失われ、豊かさが消え失せてしまう――。それは人類の歴史を貫く法則とも言えるものなのです。

「変わる」から生命の秩序が保《たも》たれる

そもそも、私たち人間にとって、「変わる」ということは本質的なことです。私たちが生きるということ自体が、変わり続けることによって支えられているからです。

生命を保っている間、私たちは変わり続けています。生命力というものを考えてみて下さい。その力は何よりも私たちの肉体が新陳代謝《しんちんたいしゃ》することの中から生まれてくるものです。食事を取る。すると私たちの外部にあったものが私たちの中に取り込まれ、やがて私たち自身になります。それが同化《どうか》というはたらきです。そして、その一方で、私たちの中で老《ろう》廃物《はいぶつ》となった水分や固体は、尿や便という形で外に出てゆく。異化《いか》のはたらきです。

すなわち、私たちは異化と同化を繰り返す中で、一瞬一秒、肉体的には変わり続けているのです。皮膚や脳細胞のタンパク質は四週間で入れ替わり、頭髪の寿命は数年、肝臓の細胞は一年半。胃壁は三日で入れ替わる。一秒後の自分はもう今の自分ではないということです。そのように私たちは変わり続けることを通して、自分という生命を保っているのです。逆に、生命が潰《つい》えるということは、心臓が止まり、呼吸が止《や》むこと。そのとき、私たちは肉体的な死を迎えます。つまり、私たちの肉体が変わり続けるということをやめてしまうということなのです。

そして、肉体が変わり続けるということは、ただ変わっているわけではありません。無秩序に変わるのならば、それは崩壊《ほうかい》するということと何ら変わりがありません。そうではなく、生命が生命を保っているとするならば、それは、秩序に従って変わり続けているということであり、その秩序を生み出している指導原理[*2]が存在するということにほかなりません。

私たちが健康に生きているとき、様々な条件が一定の数値に保たれています。これをホメオスタシス＝生体恒常状態《せいたいこうじょう》と言います。体温は外的な気候や条件が違っても、概《おおむ》ね三六・五度、脈拍《みゃくはく》は一分間に七十回、呼吸は十八回程度に安定しています。組織が新陳代謝で変わり続けても、それぞれの臓器《ぞうき》は各々《おのおの》の臓器としての統一性を失いません。それが生命というものなのです。その秩序は、一体どこから生まれたもので、その秩序を導く指導原理とはどのようなものなのでしょうか。

それは、私たちを超えたところからやって来るのです。指導原理の源《みなもと》は私たちの存在を超えた次元にあるということです。言葉を換えるなら、私たちの生命は大いなる存在との絆《きずな》があるから、肉体は秩序を失わない形で、変わり続けることができる——。つまり、それは究極、宇宙に流れている生命力に托身《たくしん》し、共振してゆくことです。カオス（混沌《こんとん》）である世界そのものに触れ、生き方の重心を世界や事態の側に移して、宇宙を支え、導いている指導原理に一致して生きる——。だからこそ、自分が「変わる」ことは、想像を超える変化を世界にもたらすのです。

なぜ、人は生まれてくるのか

そして「変わる」ということは、それ以上に、私たちが私たち自身として今ここにこうしてあるという存在の謎《なぞ》に関わることです。「変わる」ということは、私たちの魂の深化にとっても、決定的な意味を持っているのです。

そのことを見つめるために、私たち人間が、「永遠の生命」[*3]を抱く存在であるという前提に立っていただく必要があります。私たちは誰もが、他と比べることのできない、かけがえのない人生を生きています。しかし、それだけではありません。私たちは、一度きりの人生を生きながら、同時に、その人生を超える時をも生きている。誰もが、幾度となく人生という経験を重ねて成長してゆく魂であるということです。この本は、そうした永遠の生命観に基づいて著《あらわ》されたものであることを心に置いて読み進めていただきたいのです（詳しくは、小著『永遠の生命』三宝出版刊をご覧下さい）。

私たち人間は、永遠の生命をもって今それぞれの人生を生きている――。では、なぜ、私たちの魂は転生《てんしょう》を重ねて、幾度もこの現象世界（目に見える形や色のある物質の世界）

に生まれてくるのでしょうか。

それは、魂の経験ということ一つ考えてみても、一度きりの人生でこの世界を味わい尽くすことはできないからです。生きることで、様々な人やものと出会い、幾多の失敗や成功、喜怒哀楽《きどあいらく》の体験を通じて、魂は多くのことを知り、学んでゆきます。この現象世界が、魂にとっての修行所、経験の場所として存在しているということです。

魂は現象世界に生まれることによって、初めて可能となる多くの経験をし続けます。例えば、人間が生きることによって精神世界（目に見えない意識の世界）と現象世界[*4]の二つの次元は交錯《こうさく》します。内にあるものは外に現れ、外にあるものを内に引き込むことができる。そして、人間はそのことを通じて、二つの次元を一つに結んで生きて、魂を深化させてゆくことができるのです。しかし、私たちの魂は人生を終えたときに必ずと言ってよいほど強い後悔に襲われます。本来生きるべき人生を生きられなかったと感じるからです。そして逆説的ですが、その深い後悔ゆえに新たな人生への願いが引き出され、それが人生を繰り返し生きてゆく原動力となるのです。

重要なことは、この現象世界がありとあらゆる多様さに満ちているということです。例えばこの世界で、私たちは自分とは違った人間と出会います。容姿《ようし》も違い、生まれ育ちも違い、感じ方、想い方、考え方も、価値観も違う。行動の仕方も能力も違う。さらには魂としての人生を超えた経験も様々に異なった人々との出会いをもたらされ、その人々と共に生きることを経験します。

「違い」との出会いによって、私たちは新しく生きることができるということです。等しさは継続を導き、違いは変化を生む——。同じ物質が二つあって、それを単に混ぜ合わせても、その同じ物質が二倍になるだけです。しかし、ある条件の下で異なる物質を化合させるならば、そこには化学的な反応によって、まったく新しい物質、第三の物質が生まれます。

つまり、私たちの人生は、新しい生き方、新しい現実が生み出されるようにつくられているということです。永遠の生命としての魂がこの現象世界に生まれてくるということ自体、違いと出会い、違いと結びついて、深化という変化を生み出すためであり、「変わる」ためなのです。人生という仕組みそのものが、人と世界との関わりそのものが、人間の思《し》量《りょう》を超えた大いなる意志によって、変化を志向すべく定められているということです。

ですからもし、私たちの魂が「変わる」ことをやめてしまったなら、それはそもそも、私たちがこの世界を生きる目的を放棄《ほうき》してしまうことになるのではないでしょうか。

「私が変わります」が創った歴史

私たちがこの世界に生まれてくるのは、「変わる」ため――。それを証すように、人間の歴史には、数多くの豊かな「私が変わります」の姿が刻印されています。否《いな》、それを見渡せば見渡すほど、人間の歴史とは、実は「私が変わります」の歴史にほかならなかったことが分かるのです。

聖徳太子《しょうとくたいし》、鑑真和上《がんじんわじょう》――高貴なる志の力

例えば、わが国の建国時代に示された聖徳太子（五七四～六二二）の「和《わ》を以《もっ》て貴《とうと》しと為《な》す」。当時は、家と家、兄弟同士が憎み合い、血で血を洗うような凄絶《せいぜつ》な骨肉《こつにく》の争いが続く時代でした。その渦中《かちゅう》にあって、太子は、「和」――人間同士の信頼や絆が何よりも大切

で、その和をこそ国政の中心に置くと宣言したのです。それは、奇蹟《きせき》的な宣言というほかないものです。

策略と謀略《ぼうりゃく》の渦《うず》の只中《ただなか》に生を受けた聖徳太子でした。もし、その渦に呑み込まれたまま、その境遇のままに生きようとするならば、太子もまた同じような手段と方法によって、国を治めることを考えたに違いありません。しかし、太子はその道を選びませんでした。ある意味で最も対照的な「和」をもって、国家の土台を築こうとしたのです。そこには、聖徳太子の高貴な「私が変わります」宣言が確かに息づいていました。

そして、その太子から歴史を下ること一三〇年、中国からの渡航《とこう》という、当時としては大変な困難を乗り超えて、日本に仏教の神髄《しんずい》を伝えた高僧鑑真和上（六八八～七六三）の姿勢も「私が変わります」抜きには考えられないものです。遣唐使《けんとうし》として日本から中国に渡った留学僧の栄叡《ようえい》や普照《ふしょう》は、堕落《だらく》していた日本の仏教界に本物の伝承をもたらす僧侶を探していました。そして戒《かい》を厳しく守っている律宗《りっしゅう》と出会い、この教えを何とか祖国《そこく》に伝えたいと願ったのです。

この異国の留学僧から「何とか、正統な仏教を伝承して下さる高弟《こうてい》のご推挙《すいきょ》を」との懇《こん》

鑑真（688〜763）

聖徳太子（574〜622）

願《がん》を受けた鑑真和上は、その切なる志を見て取って、すぐさま居並ぶ弟子たちに日本に行こうとする者はいないかと尋ねます。しかし、誰もが、その道のりの困難を思って、沈黙してその問いに答えようとはしません。すると何と鑑真自身から、「お前たちの誰もが行かぬのなら、私が行くことにしよう」との声――。重く停滞した空気を突き破り、鮮烈《せんれつ》なる風を起こしたのが鑑真和上でした。

それは「誰も変わろうとしないのなら、まずは私から変わることにしよう」との宣言にほかなりませんでした。鑑真自身の「私が変わります」宣言です。その宣言に、弟子たちは驚き、心打たれ、「私が変わります」という姿勢を師に倣《なら》ってわれ先にと示すことになりました。

命の保証さえもない遥《はる》かな渡航を超えて、若き志に応えた鑑真。何と、このときから十一年の歳月をかけて、鑑真の渡日《とにち》はようやく叶《かな》うことになるのです。

西郷隆盛《さいごうたかもり》と勝海舟《かつかいしゅう》――決戦回避《かいひ》の真情

幕末から維新にかけて、一触即発《いっしょくそくはつ》の危機を救った「私が変わります」がありました。それは、幕府軍と新政府による東征《とうせい》軍の江戸決戦が誰の目にも明らかだったときのことです。

そのぎりぎりの攻防《こうぼう》の最中に持たれた連合軍の西郷隆盛（一八二七～七七）と幕臣勝海舟（一八二三～九九）の会談――。幕府方は、自分たちの敗北は趨勢《すうせい》として理解しながら、将軍家だけは存続させてほしいと考えていました。処分があったとしてもできるだけ寛大《かんだい》にしてほしいと。一方、連合軍側は、革命を決定的にするためにも、将軍家の存続は認められないし、将軍は切腹《せっぷく》でなければ困ると考えていました。つまり、そこには埋めようのない溝《みぞ》が歴然《れきぜん》としていたのです。

しかし、この会談に臨《のぞ》んだ二人の心中には、それぞれの立場をわきまえながら、何とか

勝海舟（1823～99）

西郷隆盛（1827～77）

江戸決戦は回避できないものかという想いがありました。もし、江戸決戦となったら、百万に及ぶ人々がどれほどの苦難を強《し》いられるか。家を失う者、生活の糧《かて》を奪われる者、治安が乱れ、恐ろしい夜を幾日も明かさなければならない。特に年老いた人々や子どもたちには、そのしわ寄せが必至《ひっし》だろう。何としてもそれだけは避けなければならない——。そのような二人の、己《おのれ》を超えるまなざし「私が変わります」の共鳴《きょうめい》によって、江戸城無血《むけつ》開《かい》城《じょう》という革命が生まれたということです。

もし、互いが互いの主張を訴え続けていたら、会談は決裂《けつれつ》し、江戸決戦が現実のものとなっていたでしょう。その危機を救ったのが、

マハトマ・ガンジー（1869〜1948）

「私が変わります」の実践であったことは間違いないことだと思うのです。

ガンジー――暴力を砕く非暴力

インド独立を牽引《けんいん》したガンジーの歩みの中心にも「私が変わります」が確かにありました。真理に基づく国家建設をめざしたガンジーが、民族自決の精神として示したサティア・グラハ（真理把持《はじ》）。そのサティア・グラハの実践として掲《かか》げた非暴力の運動は、力に対する制圧に対しても、決して暴力では抗しないが、また絶対に相手に屈しないという高度な姿勢を示すものでした。「○○をしない」というのは、印象で捉えれば消極的な生き方のように見えます。しかし、暴力に対して暴力で対抗するというのは、連綿《れんめん》と人間の歴史に引き継がれてきた「私は変わりません」の姿勢であると言っても過言ではありません。それに対して非暴力というのは、最も積極的な「私が変わります」の実践であったと言えるのではないでしょうか。非暴力を貫《つらぬ》くことは時に厳しい肉体的、精神的な苦痛を伴うものです。しかし、ガンジー自身がまず率先《そっせん》してその原則を貫き、そのことによって、非暴力という形の「私が変わります」運動は、民衆の隅々《すみずみ》にまで浸透し、最終的には二〇〇年に及ぶイギリスの支配を脱し、インド独立へと導くまでに至ったのです。

シュペングラー、トインビー——文明の落日を観《み》る

二十世紀の初頭、繁栄を謳歌《おうか》する西欧文明の内にあって、その文明の黄昏《たそがれ》を見つめていた人物がありました。オスヴァルト・シュペングラー（一八八〇〜一九三六）です。シュペングラーは、様々な文明があたかも生命のように誕生・成長・繁栄・衰退・死のプロセスを辿《たど》るという文明論を構想し、西欧文明もまた、かつて栄え、そして衰退していった多くの文明と同じ運命を辿ると考えていたのです。高校の歴史教師として貧しい生活を送り

アーノルド・トインビー（1889〜1975）

オスヴァルト・シュペングラー（1880〜1936）

ながら、ヨーロッパ文明の末路を厳しく見つめた著書『西洋の没落』を出版すると、ヨーロッパ全土を揺るがす反響が巻き起こり、ベストセラーとなります。折しも、予想外に長引き、悲惨な展開となった第一次世界大戦を通じて、それまでの自分たちのあり方を問い始めつつあったヨーロッパの人々の心に訴えるものがあったということでしょう。

その著書と出会った若き歴史学者トインビー（一八八九〜一九七五）は、もう自分がやるべきことはすべてシュペングラーがやってしまったのではないかと思ったほどの衝撃を受けたと言います。しかし、子細《しさい》にその論を検討してゆくと、シュペングラーのあまりにも先験的《せんけん》、直観的な方法にトインビーは疑問を持ち、それを事実の光に照らして検証をしてみて、その見解がどの程度まで試練に耐え得るものであるのかを試《ため》すことは自分に残されている課題であることを確信したのでした。そしてその検証のために六〇〇〇頁に及ぶ大著『歴史の研究』が著されることになったのです。

シュペングラーとトインビーがその文明論と歴史観を通じて示したのは西欧中心、西欧の優位を信じて疑わなかった当時の人々に対するアンチテーゼ（対立命題）でした。「異なる人間には異なる真理がある」という新しいまなざしによって、時代と歴史を見ることを促したのです。西欧文明も様々な文明の一つであり、その繁栄も過程のものに過ぎない――。その見方は、当時の人々にとっては衝撃的でした。世界の中で西欧文明が優位を誇り、様々な分野で西欧中心の考え方が蔓延《まんえん》していたその只中にあって、二人の文明論は世界のすべての人々に等しくその尊厳を生きる道が開かれていることを示すものとなり、西欧人自身の世界観の転換、すなわち、「私が変わります」を訴えたのではないでしょうか。

レイチェル・カーソン——自然の叫びに応えて

今日、人々の関心が大きく注がれている地球環境問題。しかし、かつてはそうではありませんでした。ほとんどの人々が環境という世界の捉え方すら知らず、知識もなく関心もないという状態でした。そんな時代にたった一人で環境問題を提起したレイチェル・カーソン（一九〇七～六四）の歩みにも、いくつもの「私が変わります」が存在していました。

初め、海洋とそこに生息する生命を描く作家としてその仕事をスタートさせたカーソンは、自然に目を凝《こ》らし、耳を傾けるうちに、次第に自然の叫びを聴《き》くようになります。さらに友人からの助言がきっかけとなって、彼女は農薬の危険性を告発し、このままでゆくなら何年か後には鳥や虫たちの何の声もしない春が訪れることになると警告する主著『沈黙の春』を出版するのです。

そこには、自分たちを中心に自然を見てきた人間が、自然の側に立った瞬間——まさに「私が変わります」の瞬間がありました。自分を中心に自然に働きかけるのではなく、自然の側に重心を移す。そのとき、自然の本当の姿が鮮《あざ》やかに飛び込んできたのです。そし

レイチェル・カーソン（1907〜64）

て私たち人間はこの数百年の間に、自然の姿を一変させてしまう力を得てしまった。その力を人間はどう使わなければならないのか。『沈黙の春』にはそのような人間自身に対する問いかけが含まれていました。

発刊後、合衆国中で一大論争が巻き起こりました。化学会社は巨大なキャンペーンを張り、カーソンとその著書『沈黙の春』に対する激しい攻撃を続けました。著名な化学の教授と手を組んで、彼女の主張には何の科学的根拠もないと断《だん》じたのです。しかし、一方ではカーソンに対する想像以上の大きな共感も生まれていました。効能しか喧伝《けんでん》されない農薬を賞賛するばかりだった企業優先の経済社会の中で、環境に対する人々の目覚めが促され、新しい意識を生み出すことになったのです。今日のエコロジー運動の起源がここにあると言っても過言ではありません。

二十世紀、人間は驚異的な科学技術の発達を基《もとい》に、自然から様々な可能性を引き出しました。しかし、その利益の一方で生み出した大気・海洋汚染、森林破壊、地球温暖化、そしてゴミ問題、生態系の破壊……。何と深く自然を損《そこ》ない、傷つけてきてしまったことでしょうか。

それこそまさに、自らの欲望のために、「私は変わりません。でも自分たちの欲望は満たしたい。だから、汚染物やゴミは、自然の側で引き受けてほしい」と、自然から私たち人間が搾取《さくしゅ》し続けてきた結果です。そして人間が世界を一方的に支配し、人間の欲望の後始末を世界の側に押しつけてきた結果であるということです。

つまり、それまでの自然と私たちの間には、考えられないような不平等条約が結ばれていたのです。その事態に異議《いぎ》を唱《とな》え、人間自身に対して、「変わる」ことをカーソンは促したと言えるのではないでしょうか。つまり、「私が変わります。その私が世界と新しい関係を結びます」か、それとも「私は変わりません。世界の側だけ変わって下さい」のいずれの態度で生きるのかという問いかけだったのです。

釈尊《しゃくそん》の悟り――「私が変わります」の果てに

人間の力を示す「私が変わります」について、いくつかの観点から見つめてきました。しかし、「私が変わります」という言葉が抱く意味は、それ以上に広くて深いものがあります。人間が人間として目覚め、深まりを迎える魂の深化の道のりも、まさに「私が変わります」という変革であるということです。

人類の歴史を振り返ってみるならば、あらゆる宗教的な真実は、そのような瞬間に貫かれていることが分かります。歴史にその足跡《そくせき》を残した偉大なる覚者《かくしゃ》たちの歩みは、まさに「私が変わります」の連続でした。それに彼らが人々に放った多くのメッセージ・教えは、「自ら変わる」ことの大切さを教えるものだったのです。

例えば、私たち日本人の心性の基をつくった仏教――。その開祖《かいそ》釈尊の歩みもその自ら自身の変革と切り離すことはできません。釈尊が残した教えの神髄《しんずい》は、一つには実践論である八正道《はっしょうどう》*5に集約されていると言っても過言ではありません。言うならば、釈尊は八正道という道を通じて、私たちに「私が変わります」の実践を説いているのです。正しく見る、正しく思う、正しく語る、正しく行う、正しく生活する……とは、まさに、世界を受けとめることにおける変革、判断における変革、コミュニケーションにおける変革、行動における変革、ライフスタイルにおける変革……を指しています。

けれども、私はそれにも増して、その思想の根幹《こんかん》にある諸行無常《しょぎょうむじょう》、諸法無我《しょほうむが》*6のまなざしに、釈尊の「私が変わります」を強く感じるのです。

諸行無常とはすべての存在は一時《いっとき》としてとどまることなく、移り変わっているというものであり、諸法無我とはすべての存在は関わり合っており独立して存在しているわけではないというものです。釈尊はその二つは人間に悲苦をもたらすが、それをあるがままに見つめ、受け入れることによって、迷いの火を吹き消した本当の安らぎ、涅槃寂静《ねはんじゃくじょう》――に至ることができると言いました。

世界が刻一刻と変わってゆくこと。それはある意味で、重く、暗いことであり、生きやすさという点で多くの人にとって望ましくはないことです。そこにあったものが保たれず、ようやく手に入れたと思ったものも、いつ失われるか分からない。また、一つ一つの事態が多くの関係の中に成り立っているということは、その事態が自分の思い通りになるものではないということ。関わりの中で自分の意向とはまったく異なる方向へ流れていってしまう――。

それは、困惑《こんわく》であり苦痛です。世界は変わらないでほしい。自分もこのまま変わらないでいたい。今のままで思い通りになってほしい……。それは、人として生まれるならば誰もが抱く素朴な欲求です。

釈尊自身もそうであったはずです。釈尊は、今から二五〇〇年前、インドの小国釈迦族の王子として生まれました。何不自由ない環境の下で成長し、王位を継ぐものとして、お妃《きさき》をめとり、子をもうけました。しかし、その一方で、釈尊は幼い頃から、喪失《そうしつ》や別離の現実に直面し続けていました。何よりも、自分を生んでくれた実の母親を誕生直後に失っています。また、人々の暮らす街に出かけた折に、人が老い衰《おとろ》え、死んでゆくのを目にして、大きな衝撃を受けることになります。また、長じて釈迦族の命運《めいうん》を担《にな》う立場を自覚するようになってからも、周囲の大国との関係の中で、常に自国の存亡《そんぼう》が脅《おびや》かされている現実を意識しないわけにはゆきませんでした。

釈尊は幼い頃から、そうした根本的な不安と恐れに苛《さいな》まれ、葛藤《かっとう》の日々をずっと歩み続けていたのです。つまり釈尊は、ある意味ですべては移り変わり失われてゆく現実と、不変への希求《ききゅう》との乖離《かいり》に悩み続けていたと言えるでしょう。

そして自分の内から消えてなくなることのない不安を解決するために、釈尊はその一切の環境を捨て、一介《いっかい》の修行者として出発したのです。人々から尊敬も受け、安定していた身分を放擲《ほうてき》し、何も持たない修行者として出発をすることは、何よりも端的《たんてき》な「私が変わります」の実践でした。

六年にわたった修行を通して、釈尊の中で当然になっていた世界の感じ方、関わり方、人間関係……、そうした諸々を一つずつ新たに組み替えることが必要でした。釈尊の悟りは、その「私が変わります」の果てに訪れたものだったのです。

そして、その悟りから導かれた諸行無常、諸法無我のまなざしが、先述したように自分の思い通りにならない世界の現実、その鉄則を、あるがままに受け入れるという教えです。釈尊の根本の教えと境地そのものが、「私が変わります」という姿勢によって初めて導かれてきたものだったのです。

究極の「私が変わります」

さらに釈尊には実に象徴的な逸話《いつわ》があります。それは釈尊の前世についての伝承です。その魂は、幾たびもの前世において、自らを捧《ささ》げ尽くす修行を徹底していることです。ことに真理を知るために自らの肉体を羅刹《らせつ》（魔物）に与えようとした雪山童子《せっせんどうじ》の物語はその神髄を表しています。

修行に励んでいた雪山童子はあるとき、羅刹の語る「諸行無常　是生滅法《ぜしょうめっぽう》」（一切の存在はとどまることなく、移り変わってゆく。これが生滅《しょうめつ》の法である）という法句《ほうく》に出会い、驚愕《きょうがく》します。自分が求めてきた真理がそこに確かにある。雪山童子は「どうしてもその下《しも》の句を聞かせてほしい」と羅刹に懇願《こんがん》します。「そのためには、自分の肉体を与えよう」と約束するのです。それならばと羅刹も頷《うなず》き、下の句を明かしました。「生滅滅已《しょうめつめつい》　寂滅為楽《じゃくめついらく》」（生滅が滅し終わったところに、まことの安らぎがある）というその句を聞いたときの童子の喜び――。この真理を遺《のこ》しておかなければと、辺りの樹木、岩、木の葉等々、一切に書き記しました。そして、いよいよ自分の身体《からだ》を与えようと崖《がけ》から飛び降りたところ、あの羅刹は梵天《ぼんてん》（仏法を守護する神）となって、童子を受けとめたという物語です。

釈尊の前世物語であるジャータカ物語には、こうした逸話が数多く記されています。お腹を空かした虎の前に自らを投げ与えたり、自分の肉を切り取って他人に与えたりしたというものです。こうした伝承が示すのは、それらの惜《お》しみない捨身《しゃしん》と贈与《ぞうよ》の果てに、釈尊の人格は現れたと考えることができるということではないでしょうか。

自らを守ることを宿命づけられた人間にとって、「自分の命を与える」とは、究極の「私が変わります」のはずです。釈尊の存在、釈尊の生き方、そしてその教えには、一貫して、「自己の変革」というテーマが存在しています。いいえ、それは自己の変革と言うだけでは不十分です。自己の変革に向かってゆく溢《あふ》れてやまない自発性――まさに「私が変わります」という新しい宣言に満ち満ちているのです。

イエスが示した「私が変わります」――「罪を犯したことのない者は？」

また、神と人間の関係をまったく変えてしまったイエスの生き方も、そのことに貫かれています。例えば、姦淫《かんいん》を犯《おか》した女に対してイエスが示した態度――。当時のユダヤ社会では、姦淫の罪を犯した者は律法《りっぽう》に従って石打ちの刑にすることが慣習となっていました。つまり、そのような形で償《つぐな》いをさせることは、善であり、正しいことであり、裁《さば》きの神が命じていることでした。

そうした姦淫の罪を犯したために、今にも群衆が石を投げようとしていた状況の中で、イエスはファリサイ派の人々から「あなたはどうするのか」と問われたのです。

愛を説いてきたイエス。もし、女をかばえば、律法に背《そむ》くことになる。もし、律法に従えばこれまで語ってきた愛が嘘《うそ》になる。どちらを選択しても矛盾を引き出せるし、捕縛《ほばく》の理由にもなると踏んだファリサイ派の人々がそうイエスに迫ったのです。

イエスは初め、そのことに何ら関わりのない態度を取りながら、しばらくするとすっくと立ち上がり、群衆に向かってこう叫びました。

「あなたたちの中で罪を犯したことのない者が、まず、この女に石を投げなさい」

このイエスの言葉は、言葉というものの深さを如実《にょじつ》に表したものです。それまで、姦淫という唾棄《だき》すべき罪とそれを犯した女の存在を、外にあるものとして非難し責めていた群衆は、このイエスの言葉によって、一瞬のうちに自らの内を見つめざるを得なくなりました。「罪を犯したことのない者」——。果たして自分はどうだったのか……。罪のない者だけが他人《ひと》を罰《ばっ》せる……。群衆の熱狂《ねっきょう》は嘘のように静まり返り、一人また一人とその場を立ち去ってゆきました。

外を変えようとするのではなく、内を変える。「私が変わります」——まさにイエスが促したのはこのことでした。

「だれかがあなたの右の頬《ほお》を打つなら、左の頬をも向けなさい」「下着を取ろうとする者には、上着をも取らせなさい」。それらは皆、外なる現実と内なる心を結びつけ、そして自らの変革を促す言葉だったのです。

「汝《なんじ》の敵を愛しなさい」も「私が変わります」

そしてそのイエスが人々に訴えた、その最も鮮烈な一言は「汝の敵を愛しなさい」でした。

当時のユダヤ社会は、人種のるつぼであり、異教徒も多く存在していました。大国ローマの支配を受けていたことも重要な事情です。その状況の中で、「敵を愛する」ということが持っていた衝撃――。それは、筆舌《ひつぜつ》に尽くし難いものでした。当時、ユダヤの民の周囲には様々な意味で「敵」が満ちており、具体的な制約を被《こうむ》っていました。例えば、ローマという存在――。ローマという言葉自体が屈辱《くつじょく》を感じさせるものでした。人々は自分たちの信仰の優位さによって、ようやく誇りを保っていたと言えるでしょう。それなのに、そのローマに対して、異教徒たちに対して、差別でもなく憎しみでもなく、愛するとは……。それは考えられないことだったのです。少なくとも、それまでの自分たちのままでは到底できないことです。決定的に「変わる」ことを突きつけてきたはずです。

そしてそれは、かつてのユダヤの民にとってというだけではないでしょう。今日の私たちにも、激しく厳しくそして深く「変わる」ことを、そのイエスの言葉は求めます。憎しみを募《つの》らせ、親しみを覚えない相手を愛することが、私たちにとっていかに難《むずか》しいことであるか——。だからこそ逆にそれは、イエスが「私が変わります」という宣言を最も先鋭《せんえい》的《てき》に生きた先達の一人であることを証す言葉だと思うのです。

しかし、そのイエスにとっては、敵を愛するという生き方は必然的なものでした。イエスは、父なる神を惜《お》しみなく愛を放出し続ける存在と考えていたからです。その愛の力は「聖霊《せいれい》」となって、生きとし生けるものの上に注がれ続けている。神とは命令を下したり、罰を与えたりする存在ではなく、まず第一に自らを与え尽くすものにほかならないのです。ならば神を求めることは、神に倣《なら》って敵味方の区別なく愛を注ぐこと。それこそが自《おの》ずから私たち人間に促されていることであるとイエスは説いたのです。

自らを与える者となって生きるとき、私たちは聖霊の力を得て、世界に新しい光、「新しい力」をもたらす——。先にも述べたように「自らを与える」とは「自らを変革し続ける」と同義です。イエスは、自らの側にとどまって変わろうとしない私たちから、世界の側へと重心を移して、世界に流れる力、指導原理に根ざして生きる私たちへと誘《いざな》ってやみません。そのとき私たちにはたらきかける指導原理とは、暗転の事態を光転に運ぶ力。それはまた、人類が歴史の中で宗教的真理として尋ねてきた聖霊の力、如来《にょらい》の光でもあります。痛みを癒《いや》し、現実を不連続に光転させる力です。

私たちに問われているのは、一人ひとりがその力、そのはたらきを自分の内から取り出すことにほかなりません。

変わること——それは世界・人生の仕組み

さあ、いかがだったでしょう。ここに取り上げた足跡《そくせき》は、本当にわずかな断片《だんぺん》でしかありません。私たち人間の歴史は、その何千倍、何万倍の「私が変わります」によって営まれ、築かれてきた——。

「私が変わります」は、行き詰まった事態の道を開くものです。長年の問題を解決し、新たな事態を創造できるものです。

「私が変わります」は、傷ついた心を癒し、歪《ひず》んだ事態に癒しをもたらすものです。

「私が変わります」は、捩《ねじ》れてしまった関わりを結び直すことができるものです。さらに、失われてしまった世界との信頼、大いなる存在との絆の再結を起こすものです。

そして、「私が変わります」は、何よりも心の深化、魂の深化を導きます。

「私が変わります」宣言を生きることによって、私たちは誰もが新しい人間として誕生することができるということなのです。「私が変わります」とはそれほどの現実を導くのです。その理由は?——。

それは、世界自体、人生自体にそのような深化がもともと秘められているからではないでしょうか。先に見たように、私たちの歴史、文明は、異質と出会うことによって、自らを新たにし、深化を果たして、そのいのちを保ってきました。また、私たちの生命自体が「変わり続ける」ことによって、ホメオスタシスが保たれ、生き続けることを可能にしてきたのです。それは、私たちの世界・人生の構造として、「変わる」必然がすでに組み込まれていることを示しているのではないでしょうか。

「私が変わります」は時代が求めている生き方

世界は、そして人生は、私たち一人ひとりに事ある毎《ごと》に、「変わる」ことを求めています。「変わる」ためのきっかけを与え、それを促し続けています。

「変わる」ことは楽なことではありません。安定したループから抜け出さなければならないことは私たちにとって、苦痛以外の何ものでもないからです。しかし、その飛躍、挑戦、変化、深化が求められていることを私たちも心のどこかで分かっているのです。できるならばそのように生きたいと思っており、実際にそのように生きる人たちに、共感する私たちがいるのではないでしょうか。

なぜ、インドのガンジーの非暴力の運動にあれほどの共感と連帯が生まれたのでしょうか。生きやすさという観点からすれば、あれほど困難な生き方もなく、あれほど高度な生き方もありません。しかし、その非暴力という生き方に多くの民衆が共感し、自らを投げ入れました。また、なぜレイチェル・カーソンの『沈黙の春』に全米を揺るがすほどの共感が集まったのでしょうか。それは、ガンジーの思想やカーソンの著作が実は促している人間自身に対する「変わろう」というメッセージに、人々が言葉で理解する以上に、存在の奥で深く肯《うなず》いていたということにほかならないと思うのです。

今から二十年前、同じアメリカでタイレノール事件と呼ばれた事件が起こったとき、その被害を受けた企業は即座に「私が変わります」の姿勢を示しました。事件は、ベビー用品や薬などの大手企業であるジョンソン・エンド・ジョンソン社の製品である鎮痛剤《ちんつうざい》タイレノールに何者かが毒物を混入《こんにゅう》させ、そのために死者が出たというものでした。このとき、ジョンソン・エンド・ジョンソンの経営陣は、事件後わずか一時間で、一切の弁明をすることなく、テレビ・ラジオを通じて、製品に対する警告を発しました。その後一億ドルをかけて、当該《とうがい》鎮痛剤三一〇〇万個の回収を行い、さらに破られにくい、またたとえ破られてもそれが一目で分かるようなパッケージに変更したのです。

事件としては、企業生命を脅《おびや》かすような出来事です。しかし、市場はその判断と行動に対して、極めて好意的な反応を示したというのです。そしてこのような姿勢を貫いてきたジョンソン・エンド・ジョンソン社は、現在もなお、米国企業を対象とする名声番付第一位として認められています。

つまり、それだけ人々は、「私が変わります」という姿勢、自分を変えてでも責任を果たすという姿勢に、心からの拍手を送るということでしょう。

つい先頃（二〇〇一年四月）行われた自由民主党の総裁選挙の結果も、同じことを私たちに訴えているように思います。改めて説明の必要もないと思いますが、当初総裁になると目《もく》されていた自民党多数派の候補。三十年間もこの党を支配してきた多数派は、自民党員の八十パーセントの票を摑《つか》んでいるとされ、勝利は確実と見られていました。ところが地方の党員予備選挙が近づくにつれて、小泉候補に対する共感が高まり、開票結果は、逆に投票の九十パーセント近くを小泉候補が握ってしまうことになりました。自民党国会議員による本選挙においても、その勢いを反映し、小泉候補の圧勝という結果でした。それはかつてない時代の変化を私たちの多くに感じさせてくれたのではないでしょうか。

けれどもこの結果は、必ずしも小泉氏個人に対する共感を示しているわけではないでしょう。むしろ、それを担う人は誰でもよかったのかもしれません。ただ、国民のために、国全体のために、世界のために、この時代のために、本気で「変わる」「変わろう」と訴えた一人の政治家に人々は共感した――。長く不毛《ふもう》であった日本の政治への切なる期待であると思われてならないのです。

事態の深化のために、調和のために、前進のために、「自らが変わる」。その生き方を私たちは自ら求め、支持しているのです。そして、だからこそ今、私たち自身がその「私が変わります」を生きる変化の波頭《はとう》に立つ時を迎えているのではないでしょうか。

第二章　なぜ変わらなければならないのか

変わらなかった敗者たち――始皇帝《しこうてい》、ナポレオンはなぜあの末路《まつろ》だったのか

前章の後半において、人間の歴史は、「私が変わります」によって、営まれ築かれてきたことを読者と一緒に辿《たど》ってきました。

しかし、その同じ歴史に、「私は変わりません」を生きた、より多くの人物の足跡《そくせき》も刻まれています。優れた資質《ししつ》を持ちながらも、深化のために、調和のために「変わる」ことができなかった敗者たちが、痛恨《つうこん》の足跡を残しているのです。

例えば中国史において初めて全土を統一した人物、秦《しん》の始皇帝《しこうてい》（前二五九～二一〇）は、国家のために卓抜《たくばつ》した業績を残しながら、最終的に自らが望んだ未来を確かにすることはできませんでした。

始皇帝は中央集権の制度を完成し、皇帝という称号を初めて使った人物です。国家の安定のために武器の没収《ぼっしゅう》を行い、文字や貨幣《かへい》、度量衡《どりょうこう》などを統一し、道路網を広げて、産業の土台をつくりました。それを推《お》し進め、商人を集めて商業都市の建設も進めました。そして常に国を脅《おびや》かしていた匈奴《きょうど》征伐《せいばつ》を行い、外敵から民を守る万里《ばんり》の長城《ちょうじょう》の建設をも行っ

始皇帝（前259～210）

たのです。国家を国家たらしめるという意味で始皇帝の貢献《こうけん》は実に多大なものでした。

　ところがたび重なる大土木工事の負担、厳罰主義や思想言論統制の重圧によって、市民から疎《うと》まれ、秦は、始皇帝の死後各地で反乱が起こり、瞬《また》く間《ま》に滅んでしまったのです。国家盤石《ばんじゃく》の基礎を築こうと一切のエネルギーを注いできたのは何のためだったのか――。その願いすら壊《こわ》してしまいました。それは、歪《ひず》みが生じていても民衆の痛みに耳を傾けようとはせず、「私は変わりません」を貫いてしまった結果です。

　あるいは、歴史上で最も活力に満ちた人物の一人とされるナポレオン（一七六九～一八二一）。「驚くべき将帥《しょうすい》、端倪《たんげい》すべからざる立法家であり、また偉大なる文人」と評され、文豪ゲーテも、彼を最も生産的な人間の一人に数え、哲学者ショーペンハウエルはナポレオンと会見した後に「ボナパルトこそ、人間の意志を最もよく示している」と賞賛したほどでした。

しかし、そのナポレオンは、フランス革命に続く一連の混乱を収拾し、王政を続ける周辺国の介入からフランスを守ることに尽くしながら、やがて、とどのつまりは島流しに遭《あ》い、孤独のうちに人生の終焉《しゅうえん》を迎えなければなりませんでした。

「自分こそ身の大敵であり、身の不幸のつくり手だった」と語ったその言葉通り、ナポレオンは自らの思念と行動によって、自ら自身を追い込んでしまいました。それはつまり、事態からの呼びかけを受けていたにもかかわらず、「私は変わりません」の姿勢で生き続けていたということでしょう。

そして、ナポレオンの台頭《たいとう》は、それに先立つフランス革命によって可能となったのですが、この革命への過程にも、「私は変わりません」の生き方が膨大《ぼうだい》に堆積《たいせき》していたことが歴史に刻まれています。

ルイ十六世(1754〜93)

ナポレオン・ボナパルト(1769〜1821)

ルイ十四世の時代には、ヨーロッパ最大の勢力を誇ったフランスのブルボン王朝。しかし、たび重なる戦争などのため、その末期から財政は逼迫《ひっぱく》し始め、さらに時代が下って、ルイ十六世(一七五四〜九三)の時代には、国庫は完全に破綻《はたん》し、国家は危機に直面していました。ところがその状況にあっても、既《き》得権《とくけん》を決して手放そうとはしなかった貴族や僧侶。そして王として明確なヴィジョンを描けず、意志を示すこともできず、ただ取り巻きたちの意見の間をひたすらに揺れ動いていた国王ルイ十六世。まさに、彼らは「私は変わりません」の姿勢を示し続けていました。

その現実の中で、さらなる歪《ひず》みを押しつけ

られていた民衆は、ついに立ち上がることになります。それがフランス革命でした。

受発色《じゅはっしき》＊7こそが問題だった

重要なことは、彼らはなぜ「私は変わりません」という姿勢を貫いたのかということです。彼らはなぜ、変わらなかったのか。なぜ変わることができなかったのか。なぜ、矛盾が生じ、歪《ひず》みが生じていたにもかかわらず、彼らはそれに気づくことができなかったのか。そして、気づいていても、なぜ、その歪みを何とかしようと行動に移すことができなかったのでしょうか。

この原因は「**受発色**」という言葉で捉えることができます（図表二―一参照）。

「変わらなければならないとは感じていなかった」とは、心の感じ方、受けとめ方の問題です。つまり、心の「受信」のはたらきとしての「**受**《じゅ》」の問題。美しい風景を見て「ああ、きれいだな」と感じたり、交通事故や国際紛争のニュースを見て「何と痛ましいことか」と受けとめる受信＝「受」です。まずこの受信に問題があったということです。

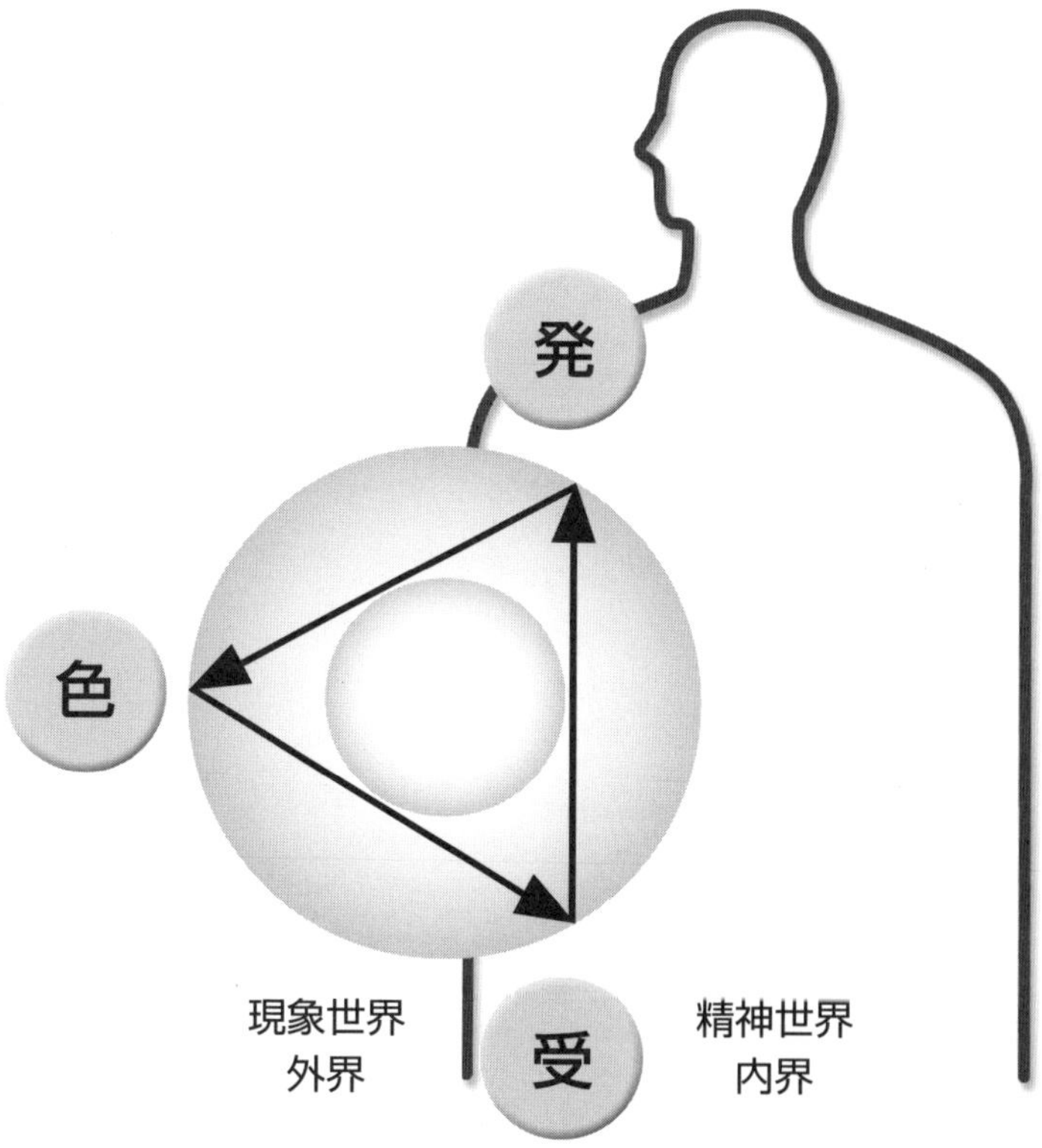

図表2-1　受発色

次に「変わらなければならないと感じていても、行動に移すことができなかった」とは、発言や行動の問題です。すなわち、発信のはたらきとしての「発《はっ》」の問題。「発」とは外世界に対して、「この景色を記録に残しておきたい」と思い、例えば実際にカメラに収める、また「辛《つら》い想いをしている人々を慰《なぐさ》めたい」と考え、ボランティア活動を始める、そうした言動を具体的に発してゆく「発信」です。第二にこの発信のはたらきに何か問題があったということです。

そして受発色の「色《しき》」とは、仏教において現実、現象のことを表す言葉で、それら受信・発信によって現れる現実、現象のことです。受信・発信が歪んでいれば現実も大きく歪んでしまうということです。

私たち人間は、相対《あいたい》する世界の事象を「受」——感じ受けとめ、「発」——思い考え、言動として表すことによって、新たな「色」——現実をつくり出す。そしてまたその新たな現実を「受」=感じ受けとめ、「発」=思い考え、語り行動し、さらに新たな「色」=現実を生み出す……。受発色、受発色、受発色……というように繰り返し、私たちは内側の世界と外側の世界をつないでゆきます。

逆に言えば、この受発色のはたらき以外、人間は何もしていないと言っても過言《かごん》ではないのです。人間が関わるあらゆる現実は、この受発色のトライアングル（三角形）によるものです。世界を感受《かんじゅ》し、自分の発想を基として、言葉を発し行動を起こし、一切の現実を生み出している——。その受信・発信が歪みを抱えていれば現実も歪まざるを得ません。

さあ、もうお分かりでしょう。始皇帝も、ナポレオンも、そしてルイ十六世や貴族たちも、多くの力を持ち、多くの可能性を抱きながら、なぜ、矛盾と混乱と腐敗《ふはい》の現実を生み出してしまったのか。なぜ、生み出しながらそれを是正《ぜせい》することができなかったのか。なぜ「変わる」ことができなかったのか。その一切は、この受発色に問題があったということです。

始皇帝やナポレオンにはたらいていたと思われる「歪曲《わいきょく》」の受信。歪みが現れていてもそれを歪みとは感受せず、「意義ある決断を理解できない者は常にいるものだ」と軽く受け流してしまう。フランス革命を呼び起こしたルイ十六世や貴族たちの「鈍感」の受信。市民がどれほどの重圧に苦しみ、多くの不満を持っているのか、感知《かんち》することなく、相変わらずの生活を続けてしまえる——。そうした受発色の歪みが、自ら自身の未来そのものを奪ってしまったのです。

受発色とは？

それは、一部の人たちだけの問題ではありません。実は誰もが例外なく、この受発色のトライアングルに少なからぬ問題を抱えているのです。受発色に歪みを抱え、そしてその歪みによって、現実に困難や障害を生じさせています。それが一体どのような歪みであり、どれほどのものなのか、一体何を引き起こしているのか、それを知ることが本章のテーマです。

けれどもその前提として確かめておかなければならないのは、私たちは自分の受発色に対して、決して自律的ではなく、十分な関心も持っていないということです。しかもたとえそれを知らされても、多くの人は、それほど深刻なものではないと思うのです。

しかし現実はそうではありません。受発色にどんなに歪みが生じていても、私たちはそれをどうすることもできないでいるからです。無自覚のうちに我ならざるものに衝《つ》き動かされているということです。

そのような受発色の実態に迫るために、ここで代表的な四つの傾向を考えてみましょう。例えば、①ある人たちは、「自分ほど分かっている人間はいない」という優位の気持ちで他人と接し続けています。そうとは言えない状況があっても歪曲《わいきょく》して自分の都合のいいように受け取ってしまいます。「自分の言う通りにしていれば大丈夫、私に任《まか》せておきなさい」という気分。そこで興奮と手応えを覚え、自分の考えに酔《よ》ってしまうことも珍しいことではありません。「自分はできる」という過信があれば、危険であってもついついそこに手を伸ばしたくなってしまう。後で考えれば、何であのとき、あのような判断をしたのか分からない。しかし、そのときには、どうしてもそれを手に取ってみたいという情動から離れられなかった。その選択以外には考えられなかったし、それが最善《さいぜん》としか思えなかった。そういう後悔を経験したことのある人は少なくないでしょう。

また、②「ことさら怒りの感情に呑み込まれやすい」という人もあります。いつも、自分は正しいのに周囲の人間からマイナスを被《こうむ》っていると感じている。自分の意見や考えを受けとめられなかったり認められないと感じると、どうしても理不尽な気持ちが生じてきて、怒りの感情に呑まれてしまう。そのような人にとって、自分の感情をコントロールすることはどれほど難《むずか》しいことでしょうか。それをとどめることもどうすることもできないために、周囲の人たちも緊張し続けることになるのです。

さらに、③ある人たちは、自信が持てず、自分を卑下《ひげ》する想いに支配されています。事態に対しても概《がい》して悲観的で、否定的な想いばかりが浮かんでくるため、いろいろ心配して「難しい」という結論を出すのです。進むよりは後退する方を、決断よりは逡巡《しゅんじゅん》を、行動よりは何もしないことの方が望ましいとしか感じられず、結果として消極的な選択をしてしまいます。

一方、逆にもし、④あなたが基本的に、世界に対して人に対して肯定的な気分を持ち、すぐに満足しやすいのなら、「常に世界は自分を受け入れてくれる」という漠然《ばくぜん》とした安心感を抱いているかもしれません。「好意をもって接すれば分かってくれるだろう」「よく話をすればきっと理解してくれる」と思っている。「失敗や足りないところがあっても誰かに助けてもらえばいいし、できなくてもまあ、何とかなるだろう」と思えてしまうのです。

ここに挙げた四つの傾向を丹念《たんねん》に辿《たど》ってみれば、読者にとってそれは他人事《ひとごと》ではないことが分かるでしょう。恐らく、この中の少なくとも一つは、あなた自身が実際持っている傾向ではないでしょうか。

問題は、先にも述べましたが、その傾向はたわいのないものではないということです。誰でもこの程度の傾きはあるだろう。でもだからと言ってそれが決定的な問題というわけではないだろう。あなたはそのように思うかもしれません。しかし、それは違うのです。始皇帝やナポレオンがそうであったように、ルイ十六世や貴族たちがそうであったように、はたから見れば問題が明らかで、居ても立ってもいられないほど事態が切迫《せっぱく》していても、実はどうすることもできずに、問題を生じさせ、かえって手がつけられないほど障害を大きくしてしまうのが実態です。その傾向が、その人の心と現実のつながり方を歪《ゆが》めてきた——。そしてそれを今まで変えることができずにきたということなのです。

すべての問題の根源には、この受発色の歪《ひず》みの問題が横たわっています。一回一回の受発色は、決してその都度《つど》新しく生まれているわけではありません。過去からの強い流れを引きずりながら、私たちは誰もがこうした一つの傾きを大きな束縛《そくばく》として自分の内に抱いていて、至るところでそれに衝き動かされているのです。

受発色の回路――四つの偽我《ぎが》*8

右に挙げた四つの傾向、四つの反応は、私たち本来の「人間の力」を阻《はば》んでしまう原因となっている心の類型、受発色の回路であり、私たちの心のはたらきを基に見出された二つの軸によって捉えることのできるものです。

図表二―二に従って説明してみましょう。受発色の回路を四つに区分する二つの軸のうち、第一の軸は、心の状態の基調が、世界を肯定する「快」の状態であるか、それとも世界を肯定できない「苦」の状態にあるかという**「快・苦」**の軸です。これも明るい人と暗い感じの人、開放的な人と閉じた感じの人、人好きな人と人嫌いな人等があります。ひところ、ネアカ・ネクラという言葉がよく使われたことがありましたが、それもこの軸を反映したものと考えられます。きっとあなたもどちらかに属すると思ったことがあるでしょう。また近頃、幸福感の研究において、人には遺伝的に幸福感を感じやすい人と感じにくい人があるという「幸福遺伝子」の存在が報告されていますが、それも快苦に人間がいかに左右されるのか、ということを示しているように思われます。大切なことは、どちらの

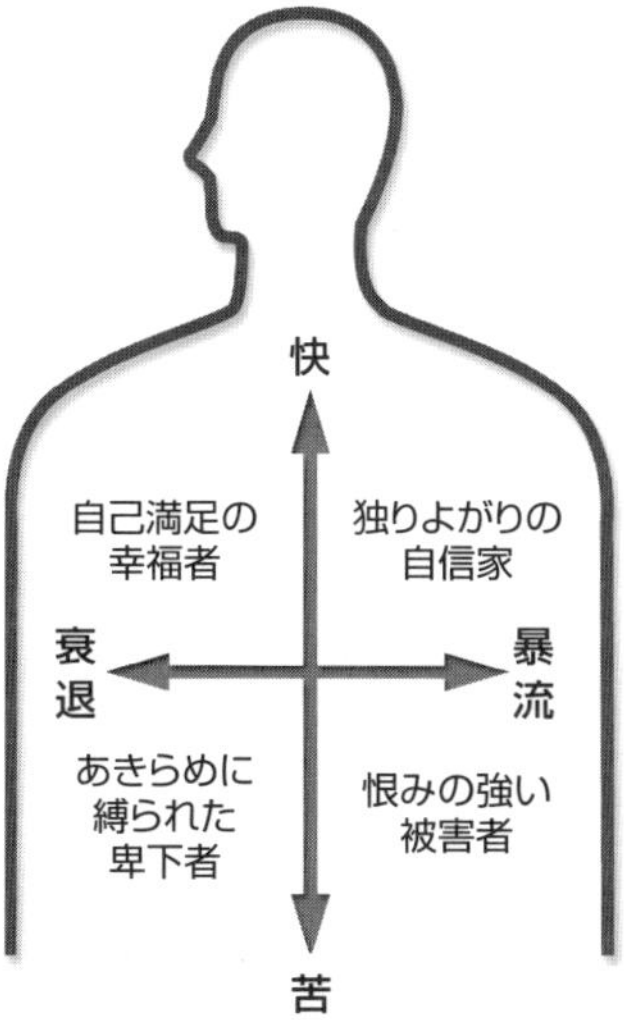

図表2-2　四つの偽我

方がよいか悪いか、得か損かというものではなく、基本的な心の傾向を表したものであるということです。つまり、明るさを基調として、物事を肯定的に捉える「快」の傾向を持っている人と、警戒心・不安を基調にして、物事を否定的に捉える「苦」の傾向を持っている人がいるのです。

第二の軸とは、心のエネルギーの出方に関わるもので、「**暴流**《ぼうりゅう》**・衰退**《すいたい》」という軸です。私たち自身を振り返ってみても、また周囲の人たちを思い返しても、その人にはエネルギーの現し方に特徴があるはずです。元気のいい人と静かな人、激しい人とおとなしい人、エネルギッシュな人と落ち着いた人というようにどちらかの傾向を持っています。単純に調子がよいか悪いかということでなく、エネルギーが拡張し拡大してゆくことに充実を見出し、その方向を求める「暴流」の傾向か、あるいはエネルギーが収束《しゅうそく》と安定を求める「衰退」の傾向のいずれかを私たちの心は抱いているということです。印象というレベルで言えば、暴流的な人は、はっきり・強い・激しいという印象を与え、衰退的な人は、おとなしい・穏やか・やさしいという印象を与えます。

さあこうして、「快・苦」、「暴流・衰退」という二つの軸によって四つの区域ができることになります。その領域は、**快・暴流、苦・暴流、苦・衰退、快・衰退**という心の回路を表し、それぞれ受発色に偏《かたよ》りのある人格的な特徴を持っています。

それは「本当の自分ではない」という意味で偽《いつわ》りの我、「偽我《ぎが》の人格」であり、煩悩の形と言えるものです。快・暴流は「**独《ひと》りよがりの自信家《じしんか》**」で前記（九十一頁）の例の①がこれに当たります。苦・暴流は「**恨《うら》みの強い被害者《ひがいしゃ》**」で、②がそうです。苦・衰退は「**あきらめに縛《しば》られた卑下者《ひげしゃ》**」、同じく③がそれに当たります。快・衰退は「**自己満足の幸福者《こうふくもの》**」で、④がその特徴です。

私たちは例外なく、これら「自信家」「被害者」「卑下者」「幸福者」のいずれかの傾向を抱いており、そのために受発色の大きな問題を抱えることになるのです。

「偽我の人格」を知る——あなたはどのタイプ？

では、私たちは、どの回路、どの偽我の人格を持っているのでしょうか。受発色の問題を解決するためには、まずあなた自身が、どの回路、どのゾーンの傾向を持っているのかを確かめる必要があります。巻末に添付《てんぷ》した「自己診断チャート」（二五二頁参照）に取り組むことを通じて明らかになりますが、先の四つの特徴と以下の事例を辿《たど》ることによってもおよその予想をつけることができるでしょう。

例えば、あなたが会社で、突然新しいプロジェクトのリーダーに抜擢《ばってき》されたとしましょう。その出来事の受けとめ方には、四つの人格がそのまま現れます。

「やった、チャンス到来だ。いよいよ出番が来た。よーし、すごいところを見せてやるぞ」と気持ちがわくわくしてきて、エネルギーが噴出《ふんしゅつ》してくるような人は、快・暴流の「独りよがりの自信家」の傾きを持つ人です。

「この抜擢を妬《ねた》む奴がいるに違いない。足を引っ張られないように気をつけないと。でも邪魔なんかしてみろ、絶対に許すものか」と他者を警戒し緊張して受けとめる人は苦・暴流の「恨みの強い被害者」の傾きが認められます。

「エーッ！　そんなの無理だ。本当に自分にできるだろうか。皆動いてくれなかったらどうしよう……」と心配ばかりが募《つの》って、否定的になるのは、苦・衰退の「あきらめに縛られた卑下者」の傾きです。

「ほーっ、なかなか評価されてたんだ。このチームには○さんも×さんもいるし、まあ、何とか仲良くやってゆけるだろう」と認められていたことを素直に喜び、まあ何とかなると楽観的に受けとめるなら、快・衰退の「自己満足の幸福者」の傾向を持っていると考えられるのです。


さあ、いかがでしょう。あなたの偽我の形、受発色の回路がお分かりになったでしょうか。もちろん、一例だけであなたの煩悩の形、受発色の回路を決定することは難《むずか》しいかもしれません。ぜひ巻末の「自己診断チャート」にも取り組まれて、自分自身の基本的な回路は何なのか、最も多い反応、繰り返し現れているベース（基本）となる回路と、次に頻《ひん》繁《ぱん》に現れる回路の二つを確認し、意識化して下さい。

その上で、四つの偽我の人格がどのように受発色を歪ませるのか、内界と外界の間にどのような問題をつくってしまっているのか、確かめてゆきたいと思います。

ここで重要なことは、この受発色をなぞる中で、私たちが自分の姿をどれほど重ね合わせることができるのか、普段接している人たちの姿を、どれほどありありと蘇《よみがえ》らせることができるのかということです。ここに描かれる姿と現実を一致させることができるならば、「受発色」の理解をさらに深めることができるでしょう。

偽我の人格①快・暴流＝「独りよがりの自信家」

まず最初の快・暴流の受発色は、「人間関係や事態に対して支配的。頑張るけれど知らない間に孤立する。初めはよくても途中からうまくゆかなくなる。周りがついてこない。一人だけ浮き上がる」といった自己過信に基づく「自信家」的症候群を抱えています。それが、受信→発信→現実のトライアングルに多くの問題を生じさせます。

◆受信…何よりも特徴的な受信は、自分の思っているように事態を解釈してしまう「**歪曲**《わいきょく》」の受信です。これは、はたから見ていると顕著《けんちょ》です。人間関係がこじれてしまうとか仕事で選択したプランが思うような成果を上げないというようなNo《ノー》を示す事態がやって来ても、自分の都合のよいように解釈します。例えば、「大きなことをやろうとしているときは、このぐらいのことは起こるものだ」というように、あるがままではなく歪曲して事態を捉えるのです。あるいは、「私の方が上」「私はできる」「私は特別」という「**優位**」の受信も特徴的です。「自分の方が分かっている、できる」という思い込みが圧倒的なために、他人《ひと》の声を本当に聞くことができないのです。さらには、自分の利益を中心にすべての物事を捉えるために「よーし、来た、来た」と「**欲得**」の想いで受けとめます。

◆発信…「まかしとけ」「俺がやってやる」と、周りを無視して、自分の都合のよいようにどんどん事態を独善的に進めていってしまう（「**独尊**《どくそん》」）。また、「自分の言った通りにすればいいんだ」と「**支配／差別**」で人や事態に関わり、ときに「やってしまえ」「もっとも

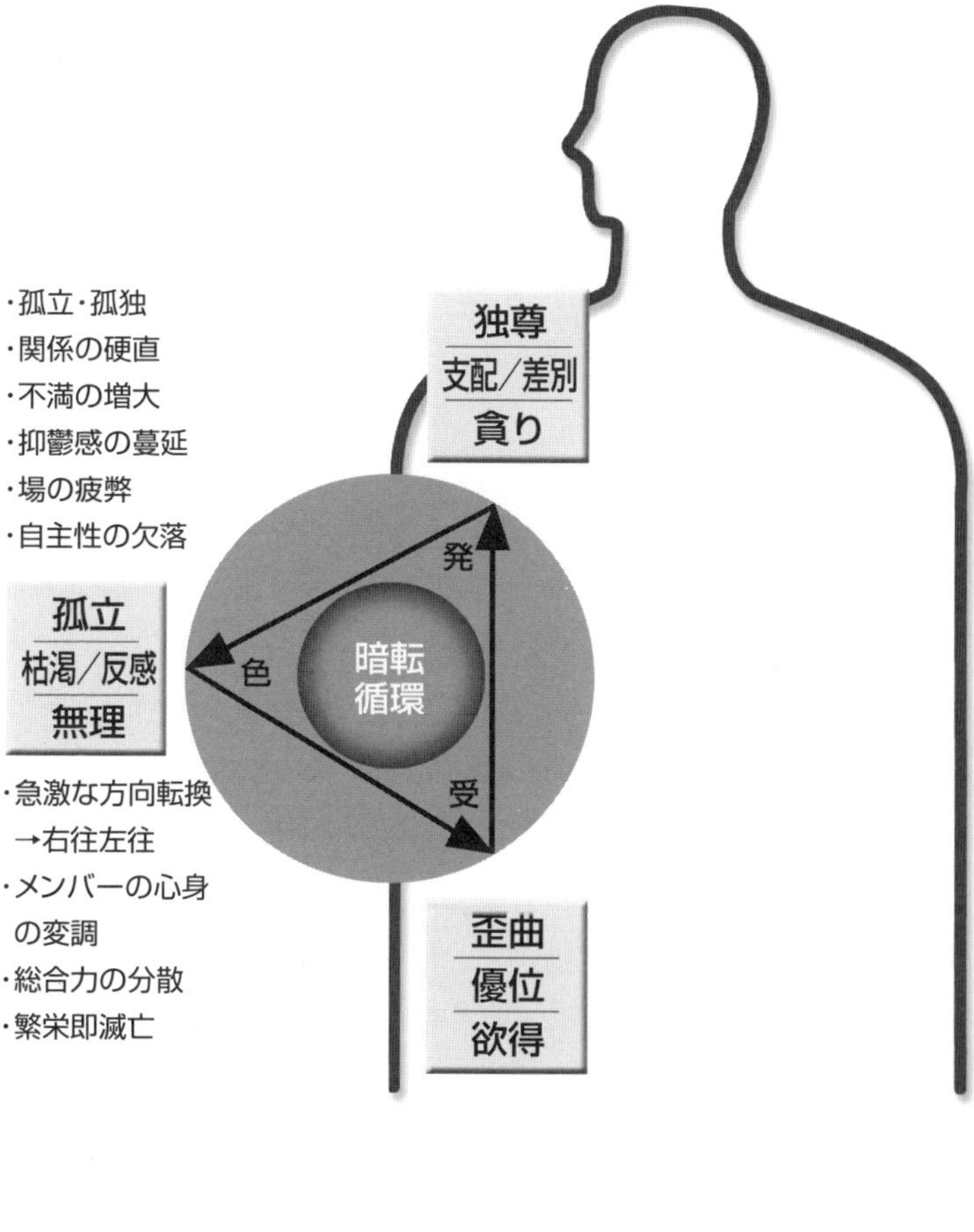

図表2-3　偽我の人格①快・暴流＝「独りよがりの自信家」

っと」と「**貪《むさぼ》り**」で動く。そのため、自己認識と現実がどんどん乖離《かいり》してゆくことになります。周囲の人たちの気持ちもついてゆけなくなり、離れてゆくのもそのためです。

◆現実…その結果、自分は「**孤立**」してしまい、相手のエネルギーを「**枯渇《こかつ》**」させ、「**反感**」を呼んでしまう。また、「貪り」は様々に「**無理**」な状況を生んでゆきます。共にいる人々との関係は硬直化し、不満は増大する。「何でここまでやらなくてはならないのか」「どうしてここまで言われなくてはならないのか」と、抑鬱感《よくうつかん》が蔓延《まんえん》し、場は疲弊《ひへい》します。またメンバーの心身に変調が起きたり、総合力は分散してゆく。そして一見繁栄《はんえい》したかに見えても最後には滅亡《めつぼう》に至る、繁栄即滅亡の現実を生んでしまうのです。

快・暴流、「独りよがりの自信家」の独善的な歪みを抱えた受発色は、個人的な問題を生じさせるだけではありません。政財界の汚職、ワンマン経営者の暴挙等、周辺を巻き込んで大きな影響を与える事態をしばしば引き起こしてゆきます。例えば、始皇帝、ナポレオンは両者ともこの受発色の傾向によって、事態の歪みを強め、未来に対する著《いちじる》しい限定をもたらしてしまいました。先頃問題になった自動車メーカーのリコール隠《かく》しも「自信家」

の受発色と言えるでしょう。消費者の危険を感じられない「歪曲」と傲《おご》りがそこにあったのではないでしょうか。また、旧石器時代の遺跡発掘において「神の手」を持つと言われた考古学者の捏造《ねつぞう》事件なども、この傾向が影響しているように思います。自分の優位をいつの間にか不動のものと思い込み、それを続けるために、科学者として最も尊重すべき事実の重みをないがしろにしてしまう。こうした受発色の結果が最終的に何をもたらすのかということを私たちはしっかりと見つめる必要があります。現在人々を苦しめる不況の源であるバブル景気のときには、国中がこの「自信家」に陥《おちい》ったと言っても過言ではありません。経済成長が無限に続くかのように思い込み、確証のない投機に日本中が狂奔《きょうほん》したときでした。「歪曲」「独尊」の受信、発信がいかなる現実を導くのか、その切実な実感を今私たちは問われています。

※さらにもっと「自信家」の受発色の問題を知りたい人は、以下の代表的なトライアングルを詳しく見てゆくことにしましょう。

◇歪曲↓独尊↓孤立…「自信家」の受発色の特徴の第一は、歪曲↓独尊↓孤立のトライアングルにあります。まず、現実を常に自分の都合のよいように解釈するという受信。問題があっても、否定的な現実があっても、例えば、「気にしたら負けだ」というように、あるがままではなく「歪曲」して事態を捉える。あるいは、「これはこういうことだから、こうだ」「あの人はこういう人だから、こうした方がいい」と事態や人に対する先入観が強く、決めつけて断定的な結論を出し、即行動してしまいます。それがあまりにも早いので、自分で吟味《ぎんみ》することもできません。たとえ、他の人が懸念《けねん》を示しても聞く耳を持てず（「独尊」）、その結果、一人だけが場の中で浮き上がり、「孤立」してしまうのです。

◇優位→支配／差別→枯渇／反感…第二は「優位」の受信、「私の方が上」「私はできる」「私は特別」という「優位」は、受けとめ方の非常に深いところに「自分の方が相手よりも分かっている。深く考えている」という確固《かっこ》とした想いがあります。それはごくごく自然な暗黙《あんもく》の前提となっていて、そのために、相手（他人）の言動に対して、不足しているとしか感じられず、「分かってない」「そんなことは当たり前。問題はその先なんだよ」「それじゃうまくいかないんだって」と、見下す評価をし、自分がやらなければ気が済まなくなるのです（「支配／差別」）。その結果、人間関係は当然硬直化するでしょう。無視され、見下されたメンバーはやる気を削《そ》がれて「それなら、勝手にすれば」「もう、どうでもいいや」とエネルギーが「枯渇」し、また「人を馬鹿にするのもいい加減にしろ。やれるものならやってみろ」「お前に使われるような立場はご免だよ」と「反感」が引き出されることになってしまうのです。

◇欲得→貪り→無理…第三の受発色は「よーし、来た来た。チャンス到来」というような「欲得」の受信から始まります。大切なことは、この受発色の基には「自分の力はこんなものじゃない。誰からも見下されないようになりたい」という上昇志向や、「もっと充実できるはず。もっと可能性があるはず」という本当の仕事に行き着いていない焦燥感《しょうそうかん》の裏返しがあること。また「もっとあれば、もっといろいろ楽しめるのに」という興奮や手応えを求める想いや、「自分だけ損するのは嫌」という疎外感を回避したい欲求など、様々な想いが渦巻いていることです。その根底に孤独感、飢渇感《きかつ》、欠損感《けっそん》、不充足感という共通項があるために、「足ることを知らぬ心」——釈尊の言われた渇愛《タンハー》と結びつき、「貪り」の行動となり、当然、現実には大きな「無理」が生じることになります。

偽我の人格②苦・暴流＝「恨みの強い被害者」

次の苦・暴流の受発色は、何よりも世界や人に対する不信感を基としているということが特徴です。そのために、「いつも不満がある。いらいらしている。周りが緊張している。

人間関係が対立する」といった「被害者」的症候群を持っているのです。

◆受信…例えば、自分の携《たずさ》わる仕事がうまくゆかない、家庭に何か問題が生じるなど、世界からNo《ノー》がやって来ると、受けとめないではね返し、「**拒絶**」する。「えー、なんで私が……」という感じです。また、人の不足がよく目につき、「あそこが足りない」「ここが足りない」と、「**批判**」で受けとめたり、あるいは「そんなこと言ったって……」と、「**不満**」で受けとめるのです。

◆発信…行動するに当たっては必ず、他人《ひと》のせい、事態のせい、運命のせい……というように事態に対して責め、罵倒《ばとう》する関わりになったり、「私は正しい」と「**頑固**」になり、「**正論**」で相手の足りないところを叩《たた》きます。また、「**荒れ**」て、ふてくされ、周囲に対して攻撃的な波動を強く出すといった関わり方をするのです。

◆現実…その結果、周りの人は緊張し、何も言えない「**硬直**《こうちょく》」した関係が生まれます。また「**対立**」を生み、最後には周りを「**萎縮**《いしゅく》」させてしまい、さらには、様々な「**破壊**」の現実を生んでしまうのです。

関わりは断絶し、親子もバラバラ、一緒に仕事を始めた仲間も一人減り、二人減りとメ

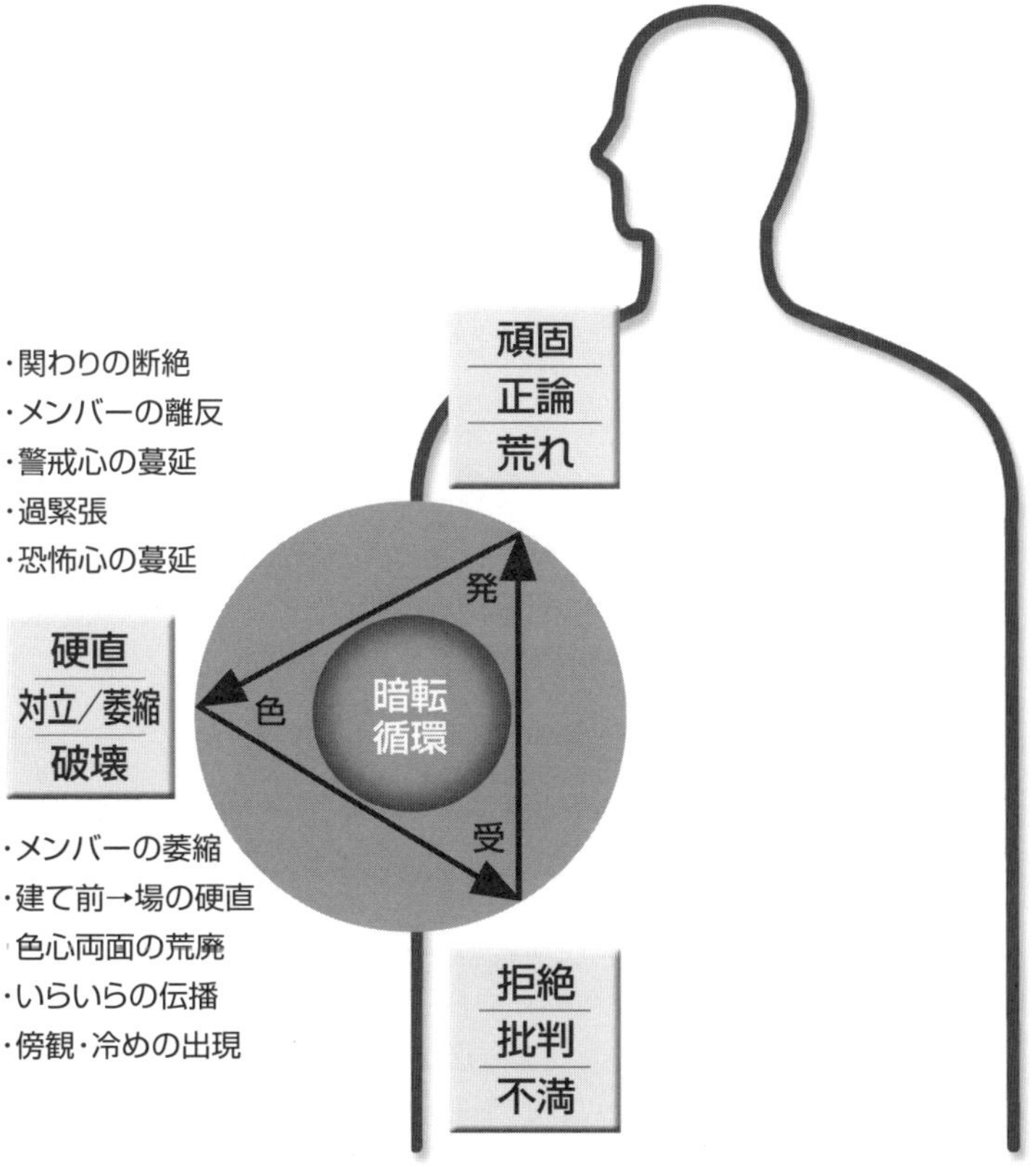

図表2-4　偽我の人格②苦・暴流＝「恨みの強い被害者」

ンバーが離反してゆく。周囲の人はいつも過緊張となり、場には警戒心や恐怖心が蔓延《まんえん》し、メンバーは萎縮《いしゅく》し、建て前が強くなる。本人のいらいらも伝播《でんぱ》するため、結果的に疲れとあきらめで、傍観者的な態度や冷《さ》めた場の現実を生んでしまうのです。

このように、「被害者」の受発色は、外にあるNoの現実を決して自らの内に引き入れることなく、内と外を切り離す現実を生み出してしまいます。これでは心と現実はバラバラのままになってしまい、「人間の力」は引き出されようもありません。

人間が飽《あ》くことなく繰り返してきた争い、諍《いさか》い、紛争、戦争の基には、いずれもこの「被害者」の他者不信、世界不信の受信・発信がはたらいています。ローマ時代に多くの民衆を殺戮《さつりく》した暴君ネロ(三七~六八)、そして自らの権力を守るために多くの同志を粛清《しゅくせい》したスターリン(一八七九~一九五三)には、まさにこの「被害者」としか言いようのない他者不信、世界不信による「破壊」の現実が見られます。スターリンは、不信に基づく社会体制をつくり上げ、その後三十年以上も、多くの人の心と現実を束縛《そくばく》することになりました。そして、この「被害者」の受発色のために、最後まで自らの近くに心を許せる人を置くことができませんでした。それどころか、寝室には窓がなく、ドアは装甲《そうこう》され、厳重に防護されていたために、脳出血に襲われたとき、その危急《ききゅう》を察知するはずの人までも遮断《しゃだん》してしまい、救助が手遅れとなって、命を落とすことになったのです。

社会に目を向けると、毒物を使った無差別の殺傷《さっしょう》事件、通り魔的な事件、些細《ささい》なことでキレてしまう暴力事件などの多くがこの「被害者」の受発色から生まれていることが分かります。

※この「被害者」の受発色の問題をさらに詳しく見てゆくと、次のようになります。

◇拒絶→頑固→硬直…「自信家」の受発色が、相手が何を言おうと「自分の方が分かっている」ということを大前提としているように、この苦・暴流の「拒絶→頑固→硬直」の受発色は、相手が何を言い、どんな行動を示そうと、まずは一度「拒絶」するという方針があるように見えます。それは、世界や人に対する不信感のために、「相手が言うこと、してくれること」をそのまま受け入れることはできないという原則であり、実に些細《ささい》なことにも及びます。しかも、先に拒絶しながら、印象として「自分だけやってもらえなかった」とか、「自分だけ無視された」と思い、人や世界に対する恨み・被害者意識をますます募《つの》らせてしまうのです。まさに、この回路の悲劇性は、自分の拒絶的態度によって、初めに相手の善意や好意を踏みにじっているのに、自分は被害者であるとしか思えないことにあります。そしてその拒絶の態度は「頑固」ですから、その結果、周囲は善意をもって関わっていても、それを拒《こば》まれ、逆になじられるくらいなら、「わざわざ不快な想いをするまでもない……」と、その人への発言や関わりを敬遠し、場合によってはその人から露骨《ろこつ》に離れていってしまい、まさに「硬直」した関係が生まれてしまうのです。

◇批判→正論→対立／萎縮…第二のトライアングルは「批判→正論→対立／萎縮」の受発色です。「被害者」の心には、「自分の方が正しいに決まっている」という信念が根底にあり、それが不動の方針として決定してしまっています。これも「自信家」の受発色に似ていますが、とにかく「正しさ」に固執《こしつ》するところが「被害者」の特徴です。そして正しいからには、自分の言い分がしっかり伝われば、相手は納得するに決まっているとしか思えないのです。ですから、相手の話を聞いているその瞬間から「そんなことはない」「そうとは限らない」「それでは十分じゃない」「こんな反論だってあり得る」……と、自分のつぶやきが心を占めてしまい、相手の心の声＝言葉を超えたところにある相手の願い、相手の苦しみ、相手の悲しみ、相手の戸惑い……が一向に見えなくなります。そして、ただただ、正しさに固執し、「正論」をぶつけることになります。すると相手もその物言いに「そっちがその気なら、こっちだって」（「対立」）とか、「ああ、どうしよう、困った。もっと慎重に、もっと言葉を並べて、前もって理由を説明しておけばよかった」とか、「もういいよ。必ずそういうふうにひねって受け取るんだから。何を言っても無駄だもの」（「萎縮」）と、相手も言葉のレベルでの対応に終始してしまい、本当の交流が起こりようのない状況をつくり出してしまうのです。

◇不満↓荒れ↓破壊…「被害者」の三番目の受発色は「自分は正しい」という前提が強固である以上「分かってもらえて当然」「評価されなければおかしい」という想いを基にしています。不信感のために自分は「馬鹿にされているかもしれない」「自分は不当な扱いを受けている」という被害者意識がどんどん強まり、事態や人に出会う前から「どうせ分かってもらえないだろう」「正当に評価されないに決まっている」と思い込んでしまうのです。さらには「しょせん、分かるはずがない……」「話をするだけ無駄だろうが……」と決めつけて、分かってもらうような努力や、最後まで話を聞いてもらえるような工大をしないまま、話をしたり関わったりする（つまり、荒々しい関わりをする）わけです。その当然の結果として、やはり相手には真意が伝わりません。ところが「それ見たことか。だから最初から、伝わらないって言っただろう」と、ますます不満を増大させる結果になってしまうのです。「正しさ」に固執する「被害者」にとって、その正しさを認めない相手は「悪」にしか見えなくなり、攻撃されて当然の存在になります。思い通りに事態が進まないとき、「被害者」は「(自分は正しいのに)不当な扱いを受けた」「馬鹿にされた」「邪魔された」との想いを強く抱き、「今に見てろよ」「いつか思い知らせてやる」という恨みを抱き続ける傾向が強くあります。分かってもらえなかった「不満」や相手にされなかった恨み、正当に評価されなかったことへの怒りなどを晴らすことそのものに心が向かい、「荒れ」た発信になり、結果として「破壊」の現実が生まれてしまうのです。一度火がついたら、自分でももう止めることができない。自分が破滅するかもしれなくても立ち止まることができない。「被害者」の受発色にはそのような破滅願望のような、ニヒリズムが渦巻いているのです。

偽我の人格③苦・衰退＝「あきらめに縛られた卑下者」

苦・衰退の受発色の特徴は、「すぐに断念してしまう。自分に自信がない。どうしても前向きになれない。人生に疲れている」といった自己否定を基とした「卑下者」的症候群とも言える問題を持っています。もしあなたが苦・衰退の傾向を抱いているなら、受発色は概《おおむ》ね次のようになっているでしょう。

◆受信…仕事に障害が生じる、人間関係がこじれるなど、世界からNoがやって来ると、不安を大きく募らせるのが特徴です。「怖い」「ああなったらどうしよう、こうなったらどうしよう」と「**恐怖**」、恐れで受けとめます。あるいは、「もう駄目だ」「もう終わりだ」と「**否定**」的な受けとめ方をしたり、「もうどうなってもいい」「何もできない私なんか駄目」「もう放っておいてほしい」と、「**卑屈**《ひくつ》」な想いで受けとめてしまうこともあります。

◆発信…そのような増幅《ぞうふく》された不安が土台にあるために、行動としては、事態に対して後ろ向きになって逃げてしまいがちです（「**逃避**」）。また、「うーん」と「**鈍重**《どんじゅう》」な雰囲気で「できない」「難しい」と決めつけ、「弱ったなー」「かなわないなー」と「**愚痴**《ぐち》」をこぼしがちです。

◆現実…その受信・発信によってつくり出す現実があります。「恐怖」と「逃避」から「**衰弱**」した現状をつくり、「否定」と「鈍重」から「**沈鬱**《ちんうつ》」な空気を生じさせ、「卑屈」と「愚痴」から「**虚無**」の現実を引き出してしまう。その結果、ニヒリズムが蔓延し、徒労感、不信感が強まって、場が沈滞する。自他のエネルギーが吸収されて、慢性的な問題が発生するようになり、過剰反応して動揺する。決断力を失って、判断できない。集中力は分散し、誰かがやってくれるのではないかと甘えが増幅する。そして、分かってくれない相手を逆差別する、といった現実が生まれるのです。このように「卑下者」もまた、心と現実をつなぐことなく断絶させてしまうので、人間の力は発現されないのです。

バブルが崩壊し、長らく続いている不況――。戦後最大の不況という、かつて体験したことのない巨大なNoが私たちに突きつけられており、国全体がこの「卑下者」的傾向の中で悲観的な気分に陥《おちい》ってしまっていると言えるのではないでしょうか。

かつて第二次世界大戦の敗戦も、わが国にこの「卑下者」の受発色をもたらしました。国土は焦土《しょうど》と化し、親や子どもを戦争で失った多くの人々は、生きる目的を見失い、虚無感に苦しみました。新たな目標や、生きる意味を見出すまで、この「卑下者」の傾向から抜け出すことはできません。私たちは当時、経済的発展を新しい目標としたわけですが、今かつてない不況が再び新たな「卑下者」の傾向をもたらしているのです。

この回路の特徴は、誰もここにとどまることを望まないという点です。なるべく早くこ

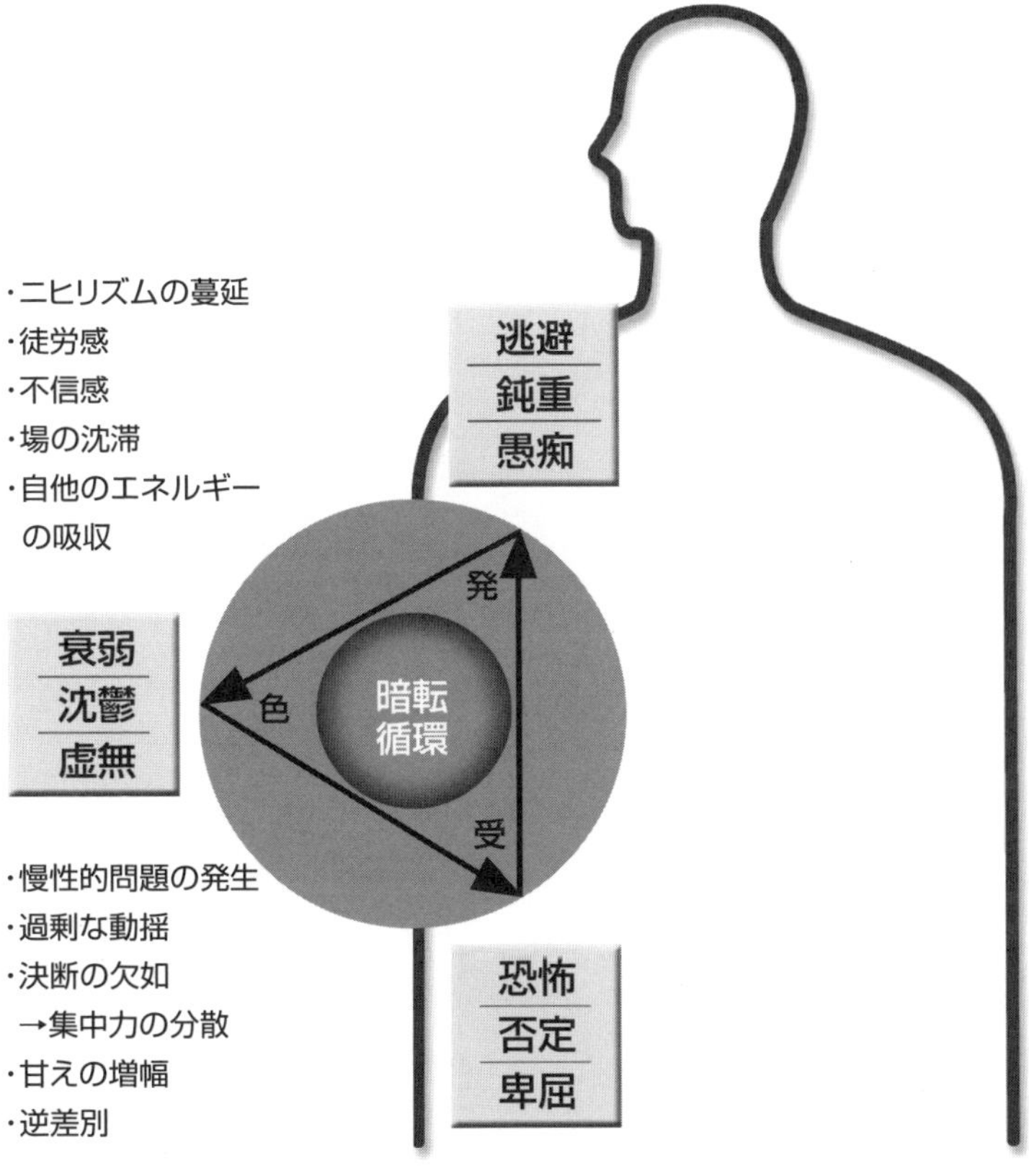

図表2-5　偽我の人格③苦・衰退＝「あきらめに縛られた卑下者」

こから脱出したいと思う。しかし一人ひとりの現実においては、この「卑下者」の受発色に呑み込まれ、脱け出せなくなっている人が少なくないのです。

※それでは、ここでも「卑下者」の受発色の問題をもっと詳しく見てゆくことにしましょう。

◇恐怖→逃避→衰弱…「卑下者」の傾向を持つ人は、その生い立ちなどから、「自分は駄目、できない」という自己否定の感覚を根強く抱いています。そのニヒリズムに基づいて「できなければ（世界は自分を）絶対に認めない」「人間は、どうせ信じられない」という他者不信、自己不信の世界観、人間観を抱き、実際にそうなることを恐れながら、そうなってしまうに違いないと確信しているのです。そのために、物事が無事に進捗《しんちょく》しているときでも、「駄目になるかもしれない」「うまくいかなかったらどうしよう」と常にNoが返ってきたときのことを「恐怖」します。そしてその恐れから現実に対して、目をそらし、心を閉ざして「逃避」的な行動に出てしまい、事態は何ともならなくなり、「衰弱」の現実を生み出してしまうのです。問題は、「卑下者」が恐れているのは、世界からのNo自体以上に、そのことによって引き起こされる、自分を受け入れてもらえなかったり、自分のことを完全に否定されてしまうと思い込んでいる実態の方であるのに、その実態をきちんと見ることができなくなってしまうということです。

◇否定↓鈍重↓沈鬱…「卑下者」の第二の受発色は、「否定」の受信から、「鈍重」の発信をし、「沈鬱」の現実をつくり出すという回路です。この受信の「否定」は、まず何よりも自己否定ということです。苦・暴流の「被害者」のように「誰が悪い」「ここが違う」と外に向かう、他に対する否定ではなく、「自分は駄目。自分には無理、できない」というものです。「卑下者」は、現状に対して決して満足しているわけではないのですが、「自分にはやれない。これ以上は難しい。これ以上の負担には耐《た》えられない」「できない自分が下手《へた》に手を出して、どうしようもならなくなるくらいなら、何もしない方がまし」という否定の想いがあり、さらに根底に「(できない自分として)面倒なことに巻き込まれるのはご免こうむりたい」という想いがあるのです。

物事を始めようとしても、「できない、無理だ」の「否定」で受けとめれば、当然発信は重く鈍いものになります(「鈍重」)。そして場には「沈鬱」な空気が流れざるを得ません。「卑下者」の人は、実はこの「否定↓鈍重↓沈鬱」の受発色のまま、重い気配を出しているために、周囲から暗い人だと敬遠されることが少なくないのですが、そのことに気づけません。本人は、不安や恐怖、自分の中にある負い目に呑み込まれていて、「やっぱり自分は受け入れられない、どうせ自分なんか……」と思い込んでしまうのです。

◇卑屈→愚痴→虚無…「卑下者」の第三の受発色はまず「卑屈」の受信で始まります。「卑屈」とは「必要以上に他人にへりくだり、いじけている様子」。それは、単に怖がる「恐怖」や嫌がる「否定」以上に、「自分はできない」と拗《す》ねたり、ひねくれるという要素が加わります。例えば、「自分はできない」という想いの中に、「自分は確かにできない。できないが、私をできるようにしてくれないあなたが悪い。できない私を愛してくれないあなたが悪い」という責めが含まれているということです。

そして、そのような意識のために、発信は当然「愚痴」となり、「虚無」的な現実を引き出すことになります。けれども、この卑屈→愚痴→虚無の受発色が「卑下者」の他の受発色以上に難しさを孕《はら》むのは、他に対する屈折した逆差別の意識を持っている点です。「自信家」に対しては「厚かましい」、「被害者」に対しては「大人げない」、そして「幸福者」に対しては「お調子者」というように見下すところがあるのです。

偽我の人格④快・衰退＝「自己満足の幸福者」

快・衰退の受発色の問題は、漠然《ばくぜん》とした根拠のない他者肯定・世界肯定からくる「ミスが多い。切実になれない。後回しにして手に負えなくなってしまう。いつの間にかマンネリに陥《おちい》る」といった「幸福者」的症候群を持ってしまうという点です。

◆受信…「幸福者」は、他人や世界が自分を受け入れてくれているという楽観的で安穏《あんのん》とした前提に立つために、例えば現象世界から「失敗」というNoがやって来たときにも、「まあいいか、何とかなるさ。誰かがきっとやってくれるさ……」と事態を何となくぼんやりと「**鈍感**」に受けとめる。あるいは、失敗したことにさえ気づけないことがあるのです。

そして「まあ大丈夫」「こんなもんじゃないかな」「安心、安心」「ここで、一休み」と、刻々と変化する現実を直視しないで「**満足**」する。また「誰かが守ってくれるだろう」と「**依存**」心で受けとめるのです。

◆発信…鈍感で自己満足的な受信ゆえに、世界に対する関わり方も、切実になれず、問題をどんどん後回しにしてしまいます。「面倒くさい」という「**怠惰**」、相手との軋轢《あつれき》を起こさないために、「**曖昧**《あいまい》」に発信する。また、人に依存し、「従うから何とかしてほしい」というような「**契約**」的な関わりを結んでゆくのです。

◆現実…問題を先送りにするために、気づいたときには手遅れという状況を生んでしまいます。現実無視の楽観主義が、大きな「**混乱**」につながってゆくわけです。

また、マンネリになり、場は「**停滞**《ていたい》」し、低水準で、井の中の蛙《かわず》となります。あるいは「**癒着**」した人間関係を結び、身内だけの結束をつくりがちです。そして人のまなざしが気になり、人からどう思われるか、何を言われるかと、それによって一喜一憂しエネルギーを浪費してしまうのです。

こうした受発色によって、「幸福者」もまた、心と現実はつながることなく、本来の人間の力を引き出すことは到底できなくなります。

この「幸福者」の受発色問題の困難さは、どこが問題なのか本人がなかなか実感できないという点です。「よい人なんだけれど……、頼りにならない、あてにできない」という印象がそれをよく表しています。一億総中流意識ということが言われて久しいわけですが、その中で、現状に対する漠然とした満足に流され、痛みに対する鈍感さが助長されてしまう。社会自体が、比較的豊かになってゆくと、恵まれた環境がどこからもたらされたもの

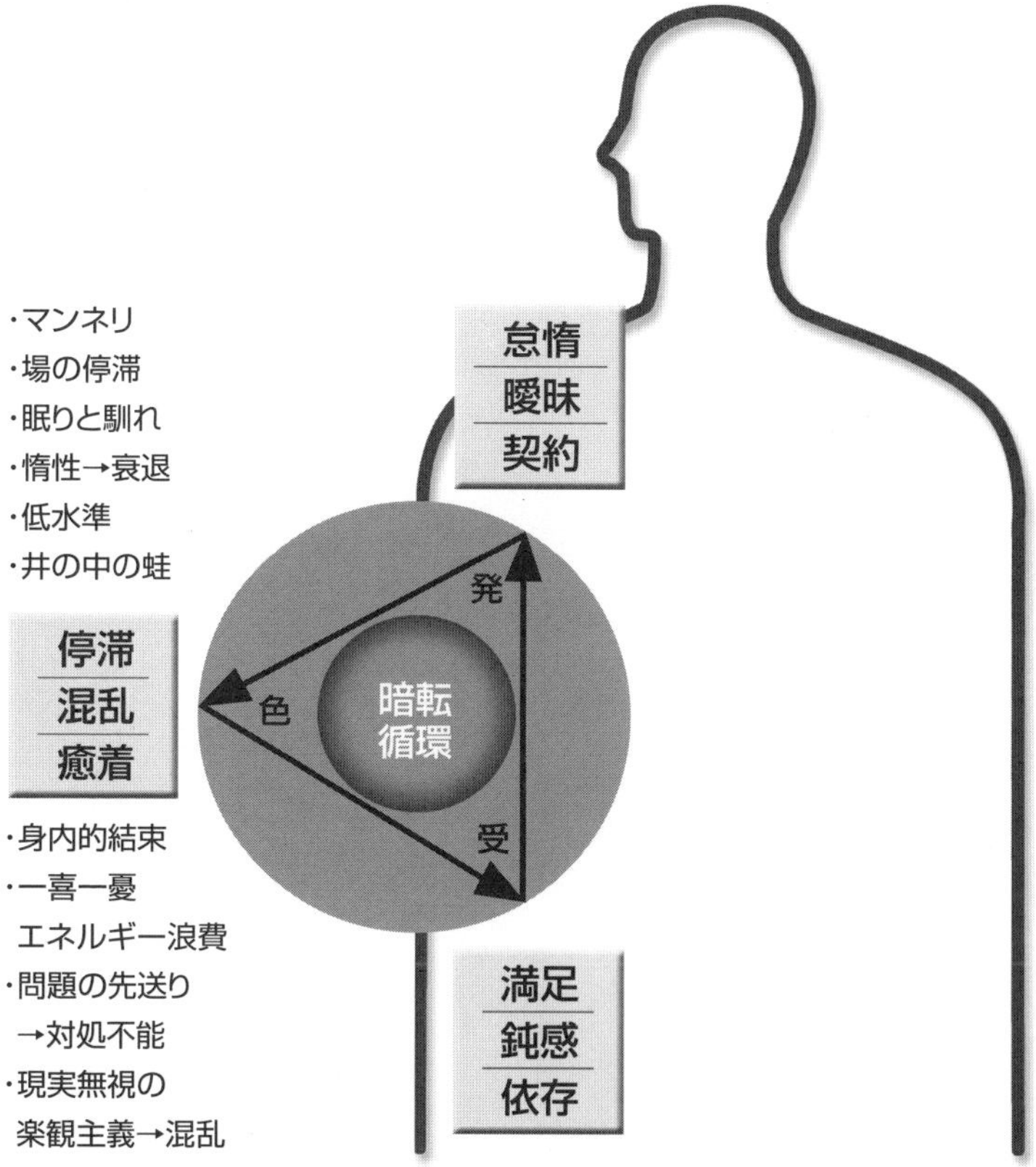

図表2-6　偽我の人格④快・衰退=「自己満足の幸福者」

であるのかを忘れて、それを享受《きょうじゅ》することが当然になってしまいます。切実な願いもなく、守らなければ壊れてしまう平和や幸福に対する緊張感もなくなってしまうのです。モラトリアムと言われる若者たちの態度。また、青少年に蔓延する刹那《せつな》的生き方、例えば、援助交際の問題、覚醒剤の問題等の形で現れており、非常に不活性な現実を生んでゆくことになります。

※「幸福者」の受発色の問題をさらに詳しく見てゆくことにしましょう。

◇満足↓怠惰↓停滞…その第一の受発色のトライアングルは、事態や状況がどうであれ、基本的に「満足」してしまっているところから出発します。事態や状況に対して不安や不満がないために、その事態や状況に対して、それを変えても「どうしてもこうしたい」「どうしてもこうであってほしい」という内圧が弱く、それ以上、改善しようとか深化させようとは考えない。新たな水準を示すことができない。むしろ、このまま何もせずに楽でいられたらと、ついつい「怠惰」になりがちです。その結果、物事は「停滞」する。「満足」という「受」は、「受」だけでは完結しないということです。しかも、この停滞はただ止まっているということではありません。そのままの状態で安定するということではなく、結局、より低いところへ低いところへと水準を低くしてゆくものなのです。

◇鈍感→曖昧→混乱…「幸福者」の傾向として、事態に対し「まあ、いいのではないか」「これでもいいし、あちらでもいい」といった態度を示しがちです。可能性を見出す点においても、不足や不備を見出す点においても切実感がなく、その結果、受信は「鈍感」にならざるを得ません。そして受信が「鈍感」であることは発信が「曖昧」であることにつながります。その「曖昧」さが「幸福者」の特徴の一つである物忘れの多さにつながります。さらには、善しあしの基準、評価の基準の曖昧さとなり、当然、他人《ひと》に対して伝えるときの発信も「曖昧」になり、その結果、「混乱」を引き起こすことになってしまうのです。「曖昧」であれば普通は心配になるはずですが、「曖昧」なままでも安心していられるのは、「問題は起こらない」「問題は自分にまでは及ばない」「問題が起こったとしても、何とかなる」「誰かが何とかしてくれる」という、現実無視の楽観主義――世界や人に対する侮《あなど》りと依存がなせる業《わざ》なのです。

◇依存→契約→癒着…このように「幸福者」には世界や人に対する侮りと依存がありますが、「きっと誰かが何とかしてくれる」というのは、その依存から来る強固な思い込みにほかなりません。

新たな水準を示すことができないために、いざ事態がやって来たとしても、自力ではどうにもできず、人に依存するより他にないということもあります。そして「依存」の関係を守ろうとすれば、当然よいことはよい、悪いことは悪いとする率直な是々非々《ぜぜひひ》の関わりはできません。一見波風が立たず、仲が良さそうに見えても「素直に従うから荒立てないでほしい」、不足があっても不満があっても「お互い持ちつ持たれつで」という「契約」的な関わりにとどまってしまいます。そしてそれでは本当の必要には応えられない、ただ一見安定した関係によって「癒着」の現実を生み出すほかなくなるのです。

そうした「癒着」の現実の最大の特徴の一つに、自浄《じじょう》能力の喪失《そうしつ》ということがあります。人と人、利害と利害が癒着した結果、いかに弊害《へいがい》が生じても浄化できず、問題が生じていても対応することができなくなってしまう——。それは、政界や財界や官界で起こっている様々な問題、さらには人間の歴史における、王朝や国家が壊滅《かいめつ》してゆく過程において、最もよく見出される事態なのです。

宿命の洞窟《どうくつ》＊9——人は皆、囚《とら》われ人《びと》

いかがでしょうか。私たち人間の受発色が、自分を含め、いかにこの四つの偽我の人格の

通りに生み出されているのか、実感されたのではないでしょうか。実際に日常的な言動から人生を大きく左右する選択までもが、こうした歪《ひず》みのある受発色に支配されているのです。

始皇帝やナポレオンが「自信家」の受発色ゆえに、事態をあるがままに捉えることができず歪曲し、独善的に暴走し、自らの夢を潰《つい》えさせてしまったように。また、ルイ十六世や貴族たちが「幸福者」の受発色ゆえに、社会に明らかに堆積《たいせき》していた歪みの切実さを何ら感受《かんじゅ》することができず事態を放置《ほうち》してしまったように、ほとんど自分では気づくことができないものであるということです。否《いな》、たとえ分かっていてもどうすることもできないものであり、どうすることもできないほどに私たちを束縛《そくばく》して、不自由にし、私たちの望まない現実を生み出しているものであるということです。

それは、「宿命の洞窟」としか言いようのないものであると私は思うのです。なぜ、それが宿命なのか――。受発色の束縛は、極めて深刻なものであるにもかかわらず、本人が望んで選択したものでも自覚的なものでもないからです。

ここに示された受発色を示す人格を誰でもあまり好意的に迎える気にはなれないでしょう。自分の回路については、ここまではひどくないし、これは言い過ぎではないかと思いながらも、自分以外の回路に対しては、まさにその通りと感じたのではないでしょうか。

あなたがこれまで他の人に対して感じてきた嫌悪感、苦手意識を今ここで思い出していただきたいのです。あなたはきっと、これらの四つの受発色を現すいずれの人に対しても時に耐え難い嫌悪感、そして理解不能の違和感を覚えてきたのではないでしょうか。

「自信家」の傾きを持つ人に対して「何でこんなに自分を押し出すんだろう」「どうしてここまで支配的なんだろう」と辟易《へきえき》してきたかもしれません。「被害者」の受発色を持つ人に対して「なぜ、この人はこんなに気難しいのだろう、もう少し融和《ゆうわ》的であってもいいのに」と苦手に思ってきたのではないでしょうか。また、「卑下者」の傾きを抱く人に対しては、「何でこんなに暗くて重いのだろう」と敬遠してきたに違いありません。「幸福者」の傾きを持つ人に対しては、「何でこの人はこんなにのんきでいられるのだろう」と許せない想いを持ったこともあるかもしれません。

それは往々《おうおう》にして許容《きょよう》できる嫌悪感や違和感ではなかったはずです。しかし、ここでよく考えていただきたいのは、その受発色を本人が望んで現しているとは限らないということです。つまり、その人が選択してそうなったという以上に、本人の与《あずか》り知らない人生の条件によって、生み出されてきてしまったのだということなのです。

生まれ育ちの中で、常に「お前は駄目だ」というメッセージを受けてきた人が、自己不信の「卑下者」の受発色を大前提のように抱え込んだとしても、それはどうすることもできない運命でしょう。同じように、生い立ちの中で、両親の諍《いさか》いや家の困窮《こんきゅう》の中にあった人は、他者不信の「被害者」の傾きを抱えていることは少しも不思議なことではありません。あるいは、恵まれた家庭で、甘やかされて育てられれば、わがままな「自信家」の受発色を身につけるかもしれません。同じように優しい両親に受け入れられて育てられた人は、「幸福者」の受発色がベースとなることは十分考えられることです。

周囲からはみ出すことを嫌い、常に合わせることをよしとする地域に育ったならば、世間体を気にして他人の顔色を窺《うかが》う、「衰退」の傾向が現れることになるでしょう。逆に古くから紛争や争いが続く地域ならば、強い感情を表す「暴流」の傾向が強くなるかもしれません。

また、かつての戦時中や貧しい時代に比べて比較にならないくらい豊かになった現在では、多くの人が快・衰退＝「幸福者」の傾向を抱くようになっています。

自ら選択したとは言えない生い立ちという環境の中で、両親から受け継いだ受発色の傾向、地域や土地が持っている受発色の傾向、そして時代そのものが強めている受発色の傾向……。そうした条件の中で受発色の回路が生じ、知らず知らずのうちに深まってゆく――。人生は真っ白なキャンバスであるはずなのに、同じ色の絵の具でしか描けなくなる。千も万も可能性を抱いているはずなのに、その中の一つの生き方しかできなくなる。それこそ、誰もが囚われることになる「宿命の洞窟」と言えるものではないでしょうか。

受発色革命こそ「私が変わります」の神髄《しんずい》

だからこそ、「私が変わります」と宣言することは、その深く不自由な宿命の洞窟からの脱出を意味するのです。新しい宣言「私が変わります。その私が世界と新しい関係を結びます」とは、同時に、歪みを抱く「受発色」を変革することにほかなりません。受信・発信・現実を変革することなくして、「私が変わります」を生きることはまったくできないからです。

この受発色の変革がいかに大きな力を持っているのか――。

人間が現してきた一切の営みは、この受発色の、内世界と外世界の映し合いから生まれているものです。人々の一日の現実には、何千回、何万回の映し合いが生じています。合わせ鏡のように、無限に連鎖《れんさ》する映し合いこそが人間の現実であり、歴史であり、文明の堆積《たいせき》である……。「受発色」の力とは、私たちが引き出すべき人間の力そのものです。

歴史の様々な局面で現れた問題解決の力。自然の脅威から人々を守り、国と国、民族間の争いを収め、病や貧困を脱却《だっきゃく》する……。そして人間が示してきたおびただしい創造の力。自然にはなかった農作物を生み出し、多くの糧《かて》を収穫する力。かつてない新しい技術によって新しい生活様式をつくり出す力。あるいは、芸術家が、自然にはなかった新しい美を表現し、多くの人々に衝撃と感動を与える――。それらのいずれもが、共通の限りない人間の力を示しています。そしてその限りないフォース（力）とは、この「受発色」の力以外の何ものでもありません。

人が誰でも抱いている内側と外側の無限の世界――。人間の力とは必ず、この二つの広大な世界を通して現れるものです。二つの世界が人間の中で、確かに結びつき共振し合うとき、そこに「解決と創造」の力が閃光《せんこう》のように生まれるのです。

解決の力とは何か。それは私たちの外側に生じた現実の困惑を、私たちが内側に引き入れることによって、初めて実体のものとなります。現実の世界に生じている齟齬《そご》、不調和、矛盾、痛み……。それらをただ、外にあるものとして見ていたのでは何の解決も望めません。

創造の力とは、逆に、私たちの内界・心に宿ったヴィジョン、青写真を外の世界に現すことです。内側に生まれたアイデアを外に現すことなくして、いかなる創造も果たすことは叶《かな》いません。

すなわち、外世界から内世界へ、心の内側から外側へ。外から内へ、内から外へ、さらに外から内へ、内から外へ……。その往還《おうかん》こそが人間の力の本質であり、人間に与えられた権能《けんのう》です。

そして、この二つの世界をつなぐ人間の力を明かす秘密は、とどのつまり、「受発色」の力に帰着《きちゃく》するということではないでしょうか。

それゆえにこそ、受発色の変革——受発色革命が私たち人間にとって、決定的な意味を持つのです。

第三章　受発色革命への挑戦

新しい自分と世界を創る受発色《じゅはっしき》革命

誰もが生まれて以来、無数の受発色を繰り返してつくってきた回路の歪《ひず》み、習慣力は実に強大で、前章においてそれは「宿命の洞窟《どうくつ》」としか言いようのないものであると述べました。その受発色を変革し、洞窟から脱出してゆくには、その習慣力以上のエネルギーをかけなければならないと私たちはまず覚悟すべきでしょう。何もしなくて、いつか何とかなるというものではありません。過去の流れに逆らって、新しい流れをつくってゆくには、宿命の洞窟の中でつくられてしまった偽我《ぎが》*8（＝偽りの自分）の支配を離れるために善我《ぜんが》*8（＝見つめ生きる自分）という新しい自分を育んでゆかなければならないのです。

まず、自分の現状をあるがままに知ることからその歩みは始まります。誰もが宿命の洞窟に陥《おちい》らざるを得ないということは、誰一人例外なく心に未熟や不足、歪みを抱えるということです。その自分の状態、心の歪みをはっきりと意識化すること。自分の受発色の歪みに対して、「本当にこのようになっていた」と衝撃を受けることは、受発色変革の歩みにおいてその半ばにも値することです。

そして次に、その自分の傾向に応じて、不足している心を育み、歪みを修正してゆきます。偽我に四つの傾向があることは見てきた通りですが、その傾向によって育むべき心も違います。「行《ぎょう》」に取り組むことは、この歩みを特に促進することになるでしょう。

そうして受発色の歪みが修正され、善我が育まれてゆくとき、その魂が本来抱いている個性の光、真我《しんが》*8（＝本当の自分）が自《おの》ずから現れてくるのです。

我《われ》ならざる我に支配され、宿命に呪縛《じゅばく》されたままの受発色を繰り返してしまう私たちが、どうすればこの受発色を転換し、真我をその内より輝かせることができるのか。受発色の問題とその変革を具体的に見つめてゆきたいと思います。

快・暴流＝「自信家《じしんか》」の受発色革命

快・暴流＝「自信家」の受発色革命の要《かなめ》は、「自分はできる」「自分は正しい」「自分は分かっている」といった思い込みを離れて、いかに他人《ひと》の声に耳を傾けることができるのか、にあると言っても過言《かごん》ではありません。そして、その第一歩は、自分の想いや行為に対して常に「ちょっと待てよ」とストップをかける習慣をつけるところから始まります。「自分は正しい」「自分はできる」という自己過信があるため、躊躇《ちゅうちょ》なく、無自覚にどんどん想いや行為を進めていってしまうからです。ですから、「自信家」にとってはまず、自分の受発色に対して「本当にこれでよいのだろうか」と自覚的になることがとても重要なのです。

◆受信の変革…受信の変革は、「自信家」には「歪曲《わいきょく》」「優位」「欲得《よくとく》」といった受けとめ方の傾向があることを意識化することから始まります。そして、そのそれぞれに対して「**正直**」「**畏敬**《いけい》」「**無私**《むし》」という善我を育みます。「歪曲」という受信の傾向に対しては、真っすぐあるがままに受けとめる「正直」というまなざしを育むことです。「自信家」は自分の見たいものだけを見るという傾向が強く、自分にとって都合のよい情報だけを集めて、事実を歪曲し、改竄《かいざん》してしまうのです。もちろん本人は歪曲したり改竄したりしているとは思っていません。ですから「こうであってほしい」「こうに違いない」といった自分の願望や憶測《おくそく》を退《しりぞ》けて、事実をあるがままに見ようと努めることが重要になるのです。

そして、相手よりも自分の方が「優位」であると、人を見下した受信の傾向に対しては、すべての存在に対する「畏敬」の念を育んでゆきます。「畏敬」とは字義通り、畏《おそ》れ敬うこ

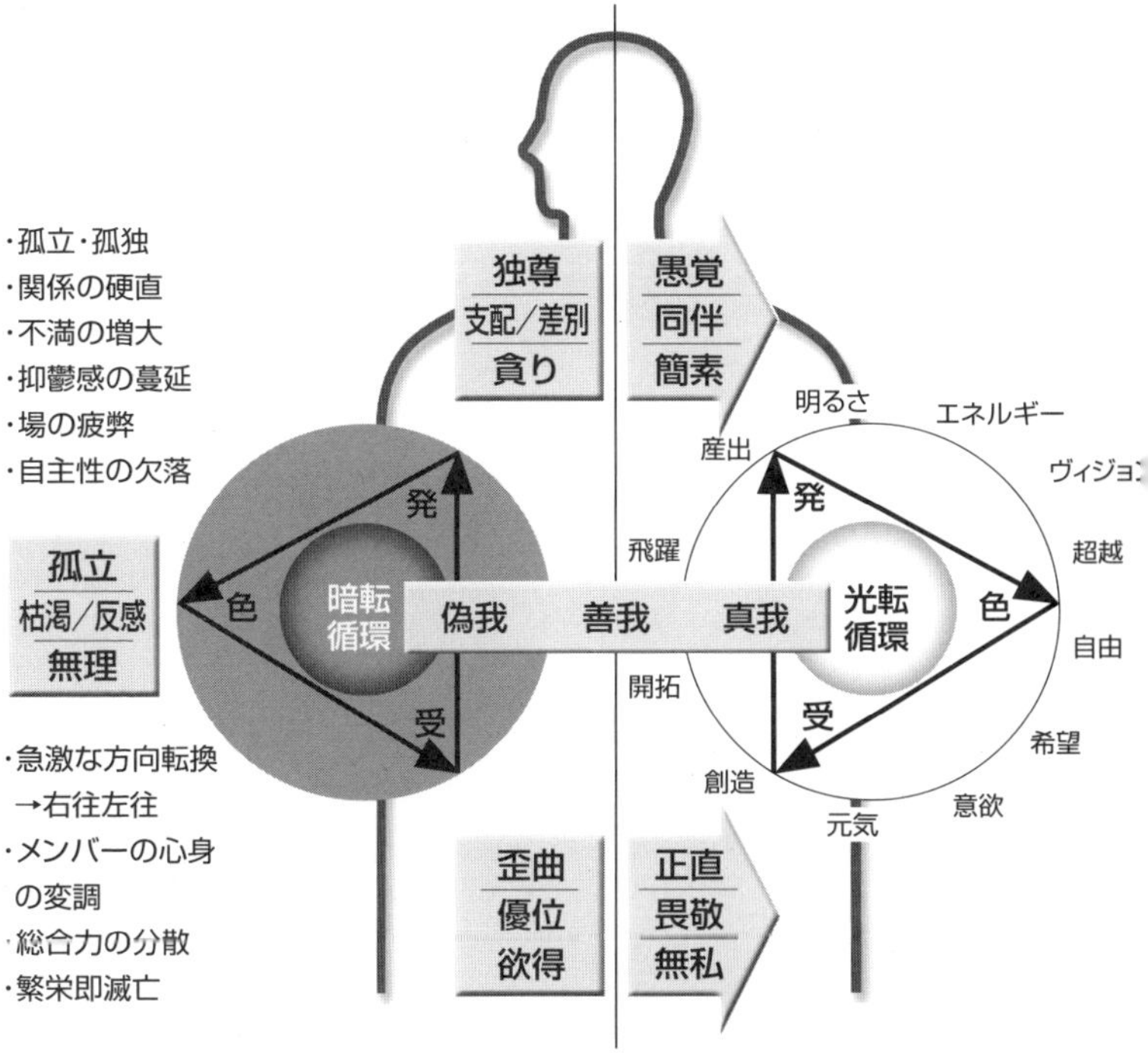

・孤立・孤独
・関係の硬直
・不満の増大
・抑鬱感の蔓延
・場の疲弊
・自主性の欠落
孤立
枯渇／反感
無理
・急激な方向転換
→右往左往
・メンバーの心身
の変調
・総合力の分散
・繁栄即滅亡
独尊
支配／差別
貪り
愚覚
同伴
簡素
発
色
受
暗転
循環
偽我
善我
真我
光転
循環
明るさ
エネルギー
ヴィジョン
産出
飛躍
超越
自由
開拓
希望
創造
意欲
元気
歪曲
優位
欲得
正直
畏敬
無私

図表3-1　快・暴流＝「自信家」の受発色革命

と。自分の方が相手よりすべてにおいて優れているということはあり得ません。ある部分は自分の方が優れているとしても、自分には気づけないところで相手の方が優れているところが必ずあります。すべての人はその人にしかないかけがえのなさを抱いており、存在においては比べようがないのです。

つまり、「畏敬」の念とは、相手を軽んじたり、ないがしろにしたりすることなく、その人そのもの、そのことそのものを大切にすることです。人に対しては耳を傾けてよく聞くという態度、事態に対しては、「呼びかけを聴《き》く」という態度で向かい合うということでしょう。

いつも相手よりも自分を優位に置いてしまう「自信家」の受発色で関わるならば、相手の中の可能性を閉ざしてしまったり、自主性を失わせることに気づかなければなりません。

「欲得」が強いことも「自信家」の受信の傾向です。自分のためになること、自分が得することを見つけるのが早い。この「欲得」に対しては「無私」。自分の欲望よりも相手を思い遣《や》る。「公《おおやけ》」という意識を育てること。また無私の心から行動を起こす。そうすることによって、これまで開かなかった扉《とびら》が開かれることが少なくはありません。

◆発信の変革…「自信家」の発信は「独尊《どくそん》」「支配／差別」「貪《むさぼ》り」です。その変革のために育むべき善我は「**愚覚《ぐかく》**」「**同伴**」「**簡素**」です。「独尊」に対しては「愚覚」。自分だけが正しい、偉いという態度を改め、自らの愚かさ、未熟を自覚することも「自信家」にとっての重要な変革の鍵です。自分の愚かさが見えないことは実は大きな弱点なのです。

「支配／差別」の発信に対しては、「同伴」を心がけること。「自信家」は無自覚のうちに支配的、差別的に上から関わる傾向を抱いていることを自覚し、相手と同じ目線で、共に歩んでゆこうとすることによって、これまでとは違う関わりが相手との間で生まれてきます。「できないと駄目」と判定し、他を切り捨ててしまうやり方を離れて、最後まで一緒に一つのことを環《わ》にしてみることです。

また、「貪り」に対しては「簡素」。「あれも欲しい、これも欲しい、もっともっと」と貪る心によって、かえって本当に自分が欲しいものは何なのか、何が最も大切なのかが分からなくなるのです。ネオンの光に眩惑《げんわく》され、本物の星の光を見失ってしまうようなものです。ですから、「本当に大切なものは一つ」と自分の心に刻印し、「簡素」に生きること。そうしたとき、余分なものが取り払われ、一すじの道がはっきり見えてくるでしょう。

以上の受信・発信の変革は、「行《ぎょう》」への取り組みを通じて促進されます。「自信家」の受発色を転換させる「行」には「聞く行」「同伴の行」「陰徳《いんとく》の行」「思遣《おもいやり》の行」「譲与《じょうよ》の行」などがあります。聞く行とは自分を常に中心にしてしまう傾きに対して、他を大切にすることを実践する第一歩として、とにかく相手に耳を傾けるのです。同伴の行は、すぐに支配・命令の関係になってしまう傾向を砕《くだ》いて、同じ目の高さで一貫して相手を優先して関わります。陰徳の行は、陰《かげ》で徳《とく》を積むこと。自己顕示や自己宣伝を超えて、見えないところで他の人たちや全体のために心を尽くすことです。「図《ず》」ではなく「地《じ》」を支える一因子としてはたらくこと。思遣の行とは、やはり自分中心から相手のこと、他のことを中心に思い、いつ何時もその念を送り、尽くすことです。そして譲与の行は、普通なら飛びつきたくなるような、自分が得することや注目を浴びることなどを他者に譲《ゆず》る行です。

◆現実の変革…このように「自信家」の受信と発信に変革がなされたとき、その偽我の奥から、真我の光——本来その魂が抱いていた個性の輝き——が現れてきます。その光とは、「**明るさ・エネルギー・ヴィジョン・超越・自由・希望・意欲・元気・創造・開拓・飛躍・産出**」等といった人間の力が放つ光です。

快・暴流＝「自信家」の個性としては、停滞しているところに新しい「飛躍」をもたらしたり、行き詰まりや困難に直面したときに壁を打開し、道を切り開くことのできる「開拓」や「創造」の力を抱いていることです。また周囲が疲弊《ひへい》していたり失意の中にあるとき、その「明るさ」や「元気」によって、場に「希望」をもたらすことができます。

時代が閉塞《へいそく》状況にある今、新たな「ヴィジョン」を指し示し、人々の心に勇気と「希望」を与えて、現実を切り開いてゆくことのできるその力は、切実に必要とされているのではないでしょうか。

カーネギー、坂本龍馬《さかもとりょうま》の挑戦

例えば、鉄鋼王と呼ばれたアンドリュー・カーネギー（一八三五～一九一九）も、この快・暴流＝「自信家」の偽我を変革して、真我の光を輝かせた一人でした。

カーネギーは、一八三五年にスコットランドの機織《はたお》り職人の家に生まれました。労働者の代表でもあった父親は、信仰心が篤《あつ》く、貧しい人のためには身を抛《なげう》って生きる人でした。

しかし、産業革命という時代の大きなうねりの中、職人の仕事がなくなったため、一家はアメリカに渡ることになります。

カーネギーは初め、父親と同じ綿織物工場で働き、その後幾度も職を変えて、十五歳で父親の収入を遥《はる》かに超える収入を手にします。そして株式に投資し、次々に事業を拡大していったのです。投資に次ぐ投資、拡大に次ぐ拡大――。その勢いはとどまることを知りませんでした。彼は三十一歳のとき、自分の性格についてこのように語っています。

「私は何をやっても、とことんまでやってしまうところがある。だから気をつけて、人格を高めるような生き方を選ばなければならない。仕事に忙殺《ぼうさつ》され、どうしたら短期間により多くの金を稼《かせ》げるかということばかり考えていると、救いようもないほど堕落《だらく》するだけではないか」

自分の中に潜《ひそ》む「自信家」の偽我に対して、危惧《きぐ》の念を覚えたものと思われます。その後も彼は会社を世界一の鉄鋼会社にするために懸命に生きてゆきます。そしてついに四十六歳で、アメリカ最大の鉄鋼業者になりました。

しかし、まさに「自信家」としての得意の絶頂にあったとき、一つの悲劇が起こるのです。彼が大株主であった会社の工場で起きたストライキを、経営者が力で鎮圧《ちんあつ》し、多数の

アンドリュー・カーネギー（1835〜1919）

死傷者を出すという大惨事になったのです。そのとき、かつての自分の父親と同じ立場にある労働者の死という現実を前にして、彼の中で、深い後悔とともに「受発色革命」が起こりました。

カーネギーは、傘下《さんか》のすべての企業を売り渡し、業界から引退して、その後半生を慈善《じぜん》事業に捧《ささ》げて生きることにしたのです。彼が各地に寄贈《きぞう》した公共図書館の総数は二八一一。その他美術館、大学の基金、国際平和、飢餓《きが》対策等々、様々な分野での社会文化に対する貢献は多大なものでした。その事業の展開は極めて独創的で、まさに「エネルギー」と「ヴイジョン」に富み、「飛躍」「自由」「希望」「創

坂本龍馬（1835〜67）

造」「開拓」といった精神に満ち溢《あふ》れたものだったのです。

また、幕末の混乱期にあって、混沌《こんとん》とした事態の中から新しい時代への道を切り開いていった坂本龍馬（一八三五〜六七）も、この「自信家」の偽我を変革し、真我を現して生きた人物であったことが数々のエピソードやその足跡《そくせき》から窺《うかが》えます。

いざというときに役に立たないからと長い刀を短い刀に変え、さらに「これからは刀の時代ではない」とピストルに変え、最後は「世界に通用する学問が大事だ」と『万国公法《ばんこくこうほう》』を懐《ふところ》から取り出したといった逸話《いつわ》にも現れているように、龍馬は直観に従って自らを変えてゆくことに躊躇《ちゅうちょ》がありませんでした。

とりわけ、勝海舟《かつかいしゅう》との出会いにおいて龍馬が取った態度は象徴的です。初め、尊皇攘夷《そんのうじょうい》を胸に、切り殺すことを目的に幕臣である勝の許を訪れた龍馬でしたが、勝より世界の趨《すう》勢《せい》と日本の置かれている状況を聞くに及んで、その場で弟子になったのです。

そして、明治維新成立直前の段階で、幕府に代わる新しい国家体制の青写真——議会制度を明確にした新国家構想を抱いていたのは龍馬だけであったと言われます。

時代の中にありながら、時代を「超越」したまなざしを持ち、旧体制から新体制への「飛躍」を実現させてゆくその道のりは、彼の内側における古き自分の受発色に対する変革とともにあったに違いありません。

次に、現代に生きる私たちにとっての快・暴流＝「自信家」の受発色革命への道を生きる手がかりとして、その実践の歩みをご紹介したいと思います。

実践報告――世界の孤児から世界のかけ橋へ

小島敬一さん（五十歳。仮名。以下、実践者はすべて仮名です）は大手の電機メーカーに勤務し、海外展開部の責任者として働いています。

数年前、小島さんは家庭においても職場においても試練の中に置かれていました。家庭の中では二十年連れ添った奥様との間に意思の疎通《そつう》が図れない状況がありました。奥様は日系三世のカナダの方で、お互いに魅《ひ》かれ合って一緒になった二人でしたが、文化や習慣の違いもあり、十分に理解し合えない痛みを抱えていたのです。また、小島さんのお母様と奥様との間、つまり嫁姑《よめしゅうとめ》間にも不理解が生じていました。

小島さんはそうした苦境に立たされる中で、ご自身の内側を見つめ始めました。見つめれば見つめるほど、自分が妻との間で「自信家」の受発色を繰り返していることが見えてきました。「自分が一番よく分かっている、妻がおかしい」と「優位」で受けとめ、「ああしなさい、こうしなさい」と「支配／差別」で発信している自分です。ですからいつも「妻さえ変わってくれれば問題は解決するのに……」と思っていたのです。

小島さんはご自身の現状に改めて愕然《がくぜん》としました。結婚当初、「自分は家族を大切に守りたい。温かい絆をつくりたい」と思っていたはずなのに、逆に自分がそのだんらんを壊《こわ》し、絆を切るような関わりをしていたからです。

奥様が病気にかかったことが一つのきっかけとなって、小島さんは何とかこの現状を転換させたいと強く思いました。

小島さんは「私が変わります」の第一歩として「聞く行」を始めました。ともかく奥様の気持ちを受けとめようと心がけました。それまでなら、二言も三言も言い返していたところを、奥様の言葉にひたすら耳を傾けたのです。それは同時に「思遣《おもいやり》の行」の実践でした。

そんなある日、小島さんは奥様から散歩に誘われます。少々照れくさい気持ちもありましたが、一緒に散歩をしました。町並みを眺めながらたわいのない話をする、そんな時間の中で静かに二人の心が触れ合ってゆくのを小島さんは感じました。このような出会いの時間が重ねられるようになり、次第に二人の関わりは再結され、不思議なことに奥様の病気もよくなっていったのです。

同時に小島さんは会社においても「私が変わります」を実践してゆきました。小島さんは当時、会社の中でも上司との関係が捩《ねじ》れ、四面楚歌《しめんそか》の状態に置かれていました。毎日が苦しく、窮地《きゅうち》に立たされていたのです。しかし、自分の受発色を振り返る中で、自分を変えないで相手ばかりを責めていたことに気づいてゆきました。会社で強く現れていた受発色は、「歪曲」で受けとめて「独尊」で関わり、「孤立」の現実をつくるという回路でした。小島さんにしてみると、どうしてもその上司のやり方には納得がいかなかったのです。注文の取り方も、問題への対処の仕方も間違っているとしか思えませんでした。それが自分の内側に目を向けていったとき、自分の側にも「自分が一番よく分かっている」という想いがあることが見えてきたのです。

「ああ、この自分の『自信家』の偽我が事実を歪《ゆが》めて見せていたんだ――」、小島さんの中から自分の愚かさを素直に認める気持ちが湧き上がってきました。それと同時に自分から頭を下げようと自然に思えたのです。小島さんは、早速《さっそく》その方の許へ会いに出かけてゆきました。すると驚いたことに小島さんが口を開く前に、相手の方から新しい仕事の話が切り出されたのです。それは、小島さんの方から願い出ようと思っていたことそのものでした。まさに共時的な出来事と言えます。内界が変わったとき、外界にも同時にそのような変化が起こり、それまでどうしても開くことができなかった扉が開いていったのです。

小島さんはこのように内界を耕す道のりの中でご自身の人生を振り返る機会も持ったのですが、その中で見えてきたものがありました。いつも心でつぶやいている言葉があったのです。「結局自分は独り」、そして「何かあったら俺は出てゆく」という言葉です。会社においても、家庭においても、いつもこの言葉が心の中で繰り返されていました。それは小島さん自身の人生の成り立ちの中でつくってきたつぶやきでした。

小島さんは早くに両親が離婚したため、母親とともに実家に居候《いそうろう》をすることになりました。ところが実は母親のご両親も仲が悪かったのです。やがてはこの祖父母も別居をすることになり、家庭の中には諍《いさか》いが絶えず、小島さんはいつも居場所がありませんでした。小学校二年生のときに新聞の求人欄を見て、仕事を探しながら「いつか出ていってやる」と思ったことがあったそうです。「どうせ最後は自分は独りになってしまうんだ」といった孤独感と寂しさ……。小島さんの場合はそんな心の空洞が自分の受発色を動かしていたことに気づいていったのです。いつの間にか父親と同じ人生を辿《たど》っていたことも見えてきました。

このように人生を振り返り、内界を見つめる時間は、同時にそこに隠されていた魂の願いに目覚めてゆく時間でもありました。「異質をつなぎたい」「絆を結びたい」という願いが小島さんの内から切実なものとして引き出されてきたのです。国籍の違う奥様との関わりも、海外での仕事も、すべてその魂願《こんがん》につながってゆくものでした。絆が切れた痛みを知るからこそ、なお一層、絆の再結を願わずにはいられなかった――。

小島さんは今、家庭では温かいだんらんの時を持つことができるようになり、職場においても国と国をつなぐ仕事に従事し、充実した日々を過ごしています。

苦・暴流＝「被害者《ひがいしゃ》」の受発色革命

苦・暴流＝「被害者」の受発色革命は、他者に対する不信、世界に対する不信から、いかに人間的信頼、世界に対する信頼を取り戻すことができるかにかかっています。

◆受信の変革…「被害者」に特徴的な受信の心である「拒絶」「批判」「不満」を「**受容**《じゅよう》」「**共感**」「**内省**《ないせい》」といった善我の心を育むことによって変革します。まず「被害者」の受信のあり方が強い不信に裏付けられていることを知ることが第一歩です。そのために「分かってもらえていない」「受け入れてもらえていない」といった被害者意識が常に自分の前提となってしまっています。

その被害者意識ゆえの「拒絶」に対しては「受容」。頭ごなしにはねつけてしまうところから、一度まず受けとめることです。

そして「批判」の心に対しては、「共感」の心が育まれることが重要になります。「被害者」は相手の足りない点、弱点を見つけることが得意です。その傾向を変革して、相手の素晴らしい点、長所を見出すといった「共感」の受信を心がけるのです。

また、すぐに「不満」を抱いてしまい他を責める傾向に対しては、自分はどうであったのかと内を省みる「内省」が必要になります。

◆発信の変革…受信がそのように変革されてくると、発信に関しても変革の素地《そじ》が整うことになります。発信の変革のために育むべき善我は「**砕身**《さいしん》」「**愛語**」「**献身**《けんしん》」です。

まず、「頑固」な態度について自分から身を砕《くだ》いてゆこうとする「砕身」の態度へと変革すること。砕身とは自らの身を砕くことですから、他人を責めたり、外を批判したりする

「被害者」的発信の前に、自分自身の不足や未熟を振り返るということです。

「被害者」の特徴の一つは「正しさ」にこだわるところです。「正義は我にあり」と信じ込んでいるところから「正論」が生まれてくるわけですが、裁《さば》く正しさを盾《たて》とするのではなく、なぜそうなったのか、相手を責める前に愛をもって聞き語ってみるのです。「愛語」によってきっとこれまでは見えなかった相手の事情が見えてくるでしょう。

「荒れ」に対しては「献身」。いつも自分の方が正しく相手が間違っていると思っているために、周囲を常にピリピリさせる荒々しい言動を示しているのです。その荒《すさ》んだ心と向かい合い、相手を変えようとするのではなく、まず、自分から相手に対して献身を始めることです。

これら、受信・発信の変革を促進するために、自発的な「行」に取り組むことにも大きな意味があります。「被害者」の受発色を変革するための「行」としては、「和顔愛語《わがんあいご》の行」「内省の行」「献身《けんしん》の行」「調御《ちょうぎょ》の行」「心を開く行」などがあります。和顔愛語の「和顔」とは微笑《ほほえ》みであり、「愛語」とは愛をもって語るということです。内省の行の「内省」とは他人《ひと》や事態を責めたり、非難したりする前に自分を見つめ、振り返ることです。献身

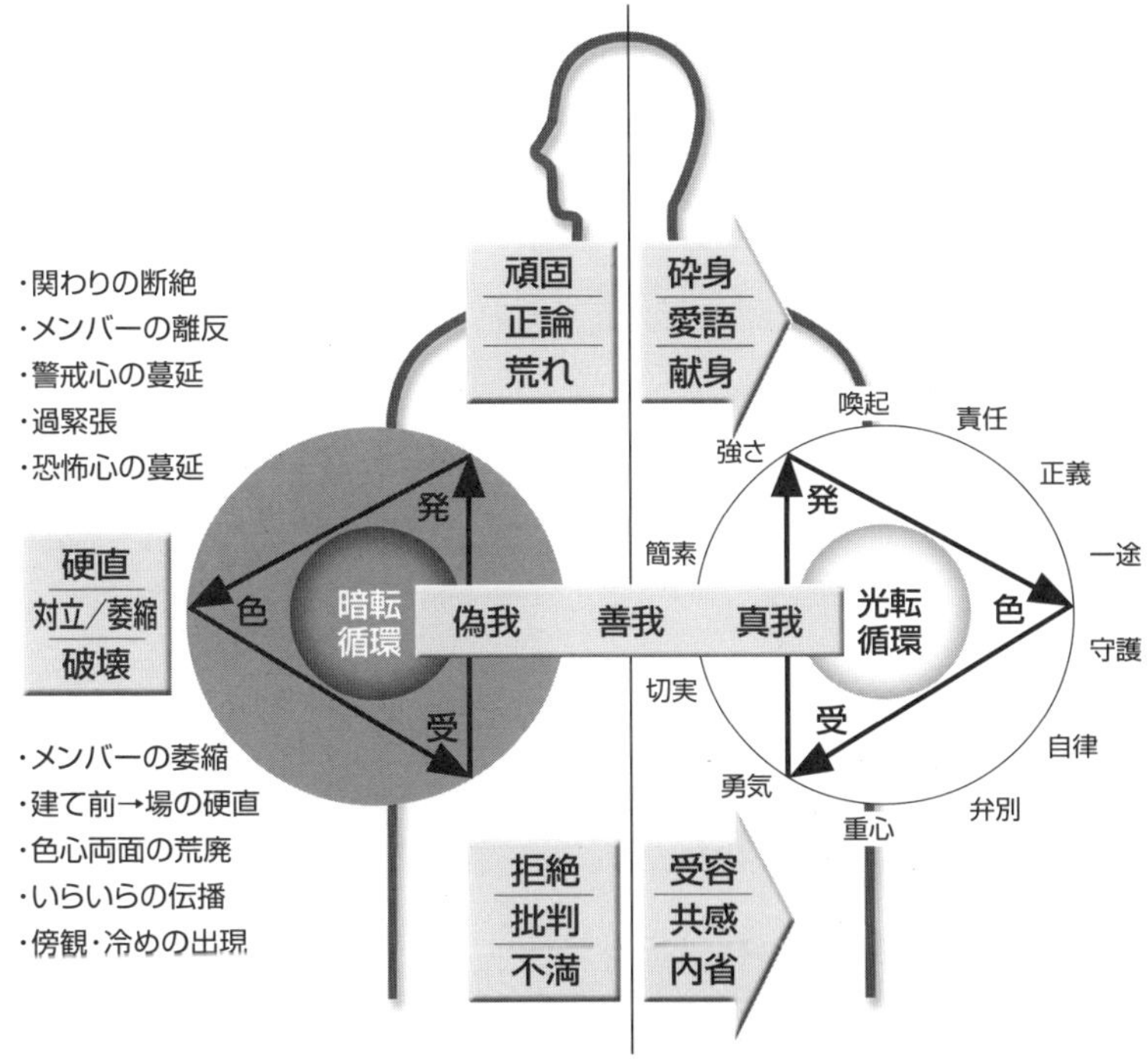

図表3-2　苦・暴流＝「被害者」の受発色革命

の行の「献身」とは自分のためではなく、誰かのために身をもって尽くすということです。調御の行の「調御」とは、コントロールすること、揺れ動く感情に対しその波に呑み込まれずに心の中心軸を保つことを示しています。心を開く行の「心を開く」とは「被害者」の傾きである不信感や孤独癖を自らが砕いて相手に心を開き、新たなる信頼を築いてゆく歩みであると言えます。

◆現実の変革…「被害者」の心が光転したとき、魂の内に隠されていたその個性ゆえの真我の光が溢《あふ》れてきます。それは「**喚起《かんき》・責任・正義・一途《いちず》・守護《しゅご》・自律・弁別《べんべつ》・重心・勇気・切実・簡素・強さ**」といった人間の力が放つ光です。

「被害者」の心は、問題を外に見て、不満を抱き、怒りや憎しみ、恨みの心を爆発させ、破壊的現実を生み出してしまいます。しかしこの不満の心を調御《ちょうぎょ》し、断じるならば、その奥から、悪や不幸などを遠ざけて人や場を「守護」する力、「正義」の心によって正邪《せいじゃ》を「弁別」し、場の「重心」となって守るべきもののために「一途」に「責任」を全《まっと》うする力が現れてくるのです。不満を抱きやすいということは、逆に言えば現状に満足することなく、常に問題意識を「喚起」し続けることのできる可能性を抱いているということです。その力が自分を守るために使われるのか、それとも自分を超えて全体を守るために使われるのかによって、生まれる現実は真逆《まぎゃく》のものになってしまうということです。

法然《ほうねん》、ナイチンゲールの挑戦

歴史の中にも、この「被害者」の偽我を超えて、真我の光を輝かせて生きた人物が、危機の中から人々の魂や命を救い出し、守ってきた足跡が見られます。浄土宗《じょうどしゅう》の開祖《かいそ》として知られる法然（一一三三～一二一二）の道のりには確かにその受発色の変革が含まれています。

平安時代から鎌倉時代への移行期は、飢饉《ききん》、疫病《えきびょう》、戦乱の相次ぐ、まさに末法《まっぽう》の世と言える混乱期でした。その時代にあって、法然はすべての人間の救済の道を求め、それを念《ねん》仏《ぶつ》という形で新たな潮流を創った人でした。その法然も人生の初めに、政争《せいそう》に巻き込まれて父親が殺されるという悲運《ひうん》に見舞われます。そのとき九歳だった法然は父親の仇《かたき》を討《う》とうと、敵の片目を弓矢で射抜いたと言われます。幼い法然の心には、悲しみとともに「被害者」の抱く恨みの心が燃え上がったはずです。しかし、瀕死《ひんし》の父親から法然が伝えられた言葉は、「汝《なんじ》、仇《あだ》を報ずることをやめよ。……敵をも抱きてともども救われる道を求めよ」というものでした。

その後、「恨みなき、安らぎの心」を求めて、法然の求道《ぐどう》は始まります。比叡山《ひえいざん》に登り、すさまじいまでの求道の中で、自らの「恨みの心」と対峙《たいじ》し続け、すべての人々の救済の道を求め続けた法然——。しかし、大部《たいぶ》の『一切経《いっさいきょう》』を五度にわたって読破《どくは》するも、その道は見えず、「悲しきかな、悲しきかな。いかがせん、いかがせん——」と悲痛なまでの心情を吐露《とろ》しています。

そうした深い絶望の淵《ふち》で、法然は一つの言葉に出会います。『観経疏《かんぎょうしょ》』の一節、「一心に専《もっぱ》ら弥陀《みだ》の名号《みょうごう》を念じ、行住坐臥《ぎょうじゅうざが》に時節《じせつ》の久近《くごん》を問わず、念々《ねんねん》に捨てざるは、是《こ》れを正定《しょうじょう》の業《ごう》と名づく。彼《か》の仏の願《がん》に順ずるが故《ゆえ》に」——。この瞬間、法然は、「すでに人々は救われている。一心にその弥陀の名を念ずるならば、誰もが必ず救われる」——すべての人々に開かれた平等の救い、衆生済度《しゅじょうさいど》の道を直観したのです。

このとき、法然の心に爆発的な「受発色革命」が起こったのでしょう。比叡山で、智慧《ちえ》第一と呼ばれた法然は、それまで学んできたことの一切を捨て、愚者・悪人たる凡夫《ぼんぷ》とし

法然（1133〜1212）

て、同じ苦しみ悲しみを抱く民衆の中へ飛び込んでゆきました。

法然は一生無位無冠《むいむかん》で、質素な草庵《そうあん》に住み、墨染《すみぞ》めの衣《ころも》を纏《まと》い、輿《こし》に乗らず、金剛草履《こんごうぞうり》を履《は》いて歩きました。そして、天皇から、武士、盗賊《とうぞく》、遊女に至るまで、貴賤《きせん》貧富を問わず、あらゆる人々の魂の救済を誘《いざな》ったのです。

また、その教えが革新的であり、急速に人々の間に広まっていったこともあり、法然は幾度も法難《ほうなん》に遭《あ》うことになります。それでも衆生済度の志は衰えることなく、ついに四国へ流罪《るざい》となったときも、法然はそれを広く地方の人々に念仏を伝える絶好の機会と捉えます。

そして、「われ（我）たとい死刑に行なわるとも、このことぃわずばあるべからず」と決意を述べ、専修念仏を説き続けたのです。

まさにその人生は、仏教の世界に新たな流れを起こす「喚起」「勇気」「強さ」「自律」、そして「簡素」「切実」といった人間の内なる力の持つ光彩《こうさい》を放っていました。

「クリミアの天使」「看護婦の母」とも言われるナイチンゲールも同じくこの「被害者」の偽我を変革し、内より真我の光を取り出すことによって、多くの命を守った人物であったと思います。彼女は、初めから看護婦を自らの天職《てんしょく》として悟っていたわけではありませんでした。それどころか、イギリスの上流階級の家に生まれ育った彼女にとっては、やがて名門の子息と結婚し、社交界で活躍するという未来が約束されており、そう生きることが自然だったのです。

しかし、十七歳のとき、神からの啓示《けいじ》――「神様のもとで働かなければならない」という内心の声を聞いた彼女は、その後、悶々《もんもん》としながらそれが何であるかを求め続けます。彼女が「被害者」の回路を持っていたことは、求めながら啓示の意味を見出せない焦燥《しょうそう》と不満を吐露《とろ》した次のような言葉に端的に表れています。「ああ、あきあきするような退屈な毎日」「年ごとに若さを失っていくこと以外、私が生き続けていても何の得るところはあり

フローレンス・ナイチンゲール（1820〜1910）

ません……」

二十四歳のとき、たまたま身近な者が重病にかかり、その看護をすることになった彼女は、自分のみならず、誰も看護についての教育を受けたことがないという事実に衝撃を受けます。それは、ナイチンゲールが自らの天職を確信し、「受発色革命」を起こした瞬間であったと言えます。それ以降、彼女は看護を学ぶために迅速《じんそく》に行動を開始します。看護婦という職業が蔑《さげす》まれていた当時、周囲の猛反対を押し切って実行に移してゆくには、並はずれた意志の強さが必要だったはずです。やがてクリミア戦争で彼女が野戦病院の衛生状態を劇的に改善して多くの傷病兵《しょうびょうへい》の命を救ったのは有名な話です。

さらに、あまり知られていないことですが、その後の病床にあっての静かな活躍にも、真我の輝きを感じずにはいられません。看護教育・看護制度の確立、病院建築・病院管理のために数え切れないほどの論文や報告書、さらには一万通を超える手紙を書き綴《つづ》っています。ここにも私たちは「勇気」「切実」「強さ」「一途」「喚起」「守護」「自律」といった人間の力の解放を見ることができます。

怠惰や無関心が横行《おうこう》し、何が真実で何がそうでないかが分からなくなっている時代にあって、全体を守護し、「人や場のいのちを生かす」真の強さが、今本当に求められていることを思います。

実践報告——怒りの暴走から「他人《ひと》の悲しみわが悲しみ」へ

建設会社に勤務している中河信一さん（四十歳）は、少年時代から世間の常識に縛《しば》られることを拒《こば》み、荒れた無軌道な生活を送っていました。いつも十人以上の仲間と集団で行動し、高校時代には暴走族となって、夜になるとオートバイを乗り回していたのです。型破りであることをアイデンティティとして生きていたため、いつの間にか、いわゆる不良少年になっていました。時には花火を交番に投げ込もうと企《くわだ》てるなど、悪質ないたずらを繰り返したため、とうとう保護観察処分を言い渡されるまでになったほどです。

中河さんは、何か違うと思いながらも心の中の不満を晴らさずにはいられず、不満→荒れ→破壊の受発色から抜けられないままこうした青年時代を過ごしたのです。

中河さんの心にそのような「被害者」の受発色の回路がつくられるにはわけがありました。中河さんには二人の兄がいて、三男の末っ子として育てられます。小学校三年のときに父親が亡くなり、それがきっかけとなって、自分は上の兄二人とは腹違いであることを突然知ることになったのです。

中河さんはそのことを告げられたとき、言いようのない虚《むな》しさ、寂しさを抱いたと言います。「信じられるものなど何もない」「みんな嘘だ」と家族全員に騙《だま》され、裏切られたような人間不信の想いでいっぱいになったのです。

そしてさらに、それまで自分に対して何かと支配的であった長兄《ちょうけい》に対して、それは自分が本当の弟ではなかったからだと思い込み、反抗的になってゆきました。その頃から、「俺《おれ》は俺でやってゆく」という態度に出るようになったのです。そうして「被害者」的な受発色の轍《わだち》を深めてゆきました。

しかし、やがて中河さんは苦労の多かった母親と死別することになり、紆余曲折《うよきょくせつ》を経る中で人生をもう一度やり直したいと思い至るのです。中河さんの求道《ぐどう》の歩みが始まりました。そして、「止観《しかん》シート」と『祈りのみち』[*10]によって自分を見つめる道のりの中で、いかに自分の中に怒りと不満の情動が渦巻いているのかを知りました。「被害者」の偽我を超えるために、「行」に取り組むことになります。

中河さんがまず取り組んだのは、「献身の行」でした。具体的な行為としては、職場でコーヒーを入れることにしたのです。最初は大したことはないと思い、始めた「行」でしたが、実際には、自分の都合ではなく、相手を思い遣《や》りながら、相手の都合に合わせてコーヒーを入れることは想いの外《ほか》大変なことでした。しかも中河さんが苦手だった専務がごく自然にそれを毎日実行していたことにも気づきました。そのことをきっかけに専務に対する中河さんの想いが変わり、次第に関係が結び直されていったのです。

また、中河さんは「私が変わります」をあらゆる機会を通して具体的に実行してゆきました。例えば、「私が変わります」ノートを用意し、出会いの前などに、どの点についてどのように「私が変わります」を実践するのか、あらかじめ記して出会いに赴《おもむ》くという具合です。この「行」の実践によって、中河さんは、怒りや不満の爆発を調御することができるようになっていったと言われます。

仕事の上でも様々な光転の現実が現れ始めています。営業においても、大手のゼネコンを相手に競合しながら、取引先との契約を結ぶことができました。それは普通考えられないことです。彼が誠意を込めて語った本心に、担当の方が感応《かんのう》されたことが大きかったようです。それも、こうした「行」への取り組みと別ではないでしょう。

そして、中河さんの中で共感や受容《じゅよう》の心が育まれていったことはご自身にとって何にも替え難い果報でした。あるときふと気がつくと、他人《ひと》の悲しみをわがことのように悲しく感じ、他人《ひと》の喜びをわがことのように喜んでいる自分がいたと、驚きをもって語りました。

かつての心の荒《すさ》みが癒された中河さんは、充実した日々を送りながら、喜びをもって、心の鍛錬を重ねています。

苦・衰退＝「卑下者《ひげしゃ》」の受発色革命

この「卑下者」の受発色の変革の要《かなめ》は、受信・発信全体に及んでいる否定的な感じ、ニヒリズムをどこまで取り除き、事態や人に対し、どれだけ肯定的に関わることができるかということにあります。

◆受信の変革…まず受信の変革ですが、この基本は「恐怖」「否定」「卑屈」といった受信に対して、それぞれ**「自律」「肯定」「素直」**といった善我を育むことにあります。「卑下者」の傾向を持つ人は、これまでも幾度となく「恐怖」を克服しようとしてきたはずです。それなのになかなか克服できないという場合が少なくないのは、なぜなのでしょうか。それは、実際には恐怖の実態を摑《つか》んでいないからなのです。恐怖の実態を見る前に一刻も早く逃避《とうひ》しようとしてしまっているのです。

ですから、その変革の第一歩は徒《いたずら》に不安を拡大するのではなく、一体自分が恐れていることは何なのか、自分自身に問いかけ、目を開いて恐怖の正体をよく見ることです。すると、案外過去のイメージに引きずられているだけであったり、幻想《げんそう》の恐怖に過ぎなかったりすることが見えてきます。事態に圧迫されて目をつぶってしまうのではなく、「自律」的に事態を受けとめるように受信を変革するのです。

また、「できない、無理」と頭ごなしに「否定」に傾いてしまう受信を「できるできないではなく、とにかく引き受けてみよう」と「肯定」的な受けとめ方に変えること。そして、気後《きおく》れや引け目をいつも感じている「卑屈」の受信を「自分の本心に従って一生懸命やるだけやってみよう」という「素直」な受信に変革してゆくのです。

◆発信の変革…発信についても、「逃避」「鈍重《どんじゅう》」「愚痴《ぐち》」の発信に対してそれぞれ「**責任**」「**明朗**《めいろう》」「**懸命**」の善我を育むことによって変革してゆきます。逃げ腰の態度、後ろ向きの「逃避」的な言動や関わりを変革し、逃げ出すことなく、「責任」をもって事態に臨《のぞ》むこと。鈍《にぶ》く重い反応のため、場が暗くなってしまう「鈍重」の反応を、前向きで明るい「明朗」の発信に自覚的に変えるよう心がけるのです。そのことによって必ず周囲の気配が変わり、新しい関係がそこに生まれます。また、つい口をついて出てくる「愚痴」を断《た》ち、「懸命」に関わるように努めてみることによって、エネルギーの漏《も》れが抑《おさ》えられ、持てる力のすべてを集中できるようになります。

こうした受信・発信の変革を進めるために、自発的に「行」に取り組むことも大切であると思います。「卑下者」の受発色を転換してゆくための「行」には、「持続の行」「止悪《しあく》の行」「挑戦の行」「喚起《かんき》の行」「貢献《こうけん》の行」などがあります。持続の行は物事がうまくいかないときでもそれを他人《ひと》のせいにしたり、外に理由を見つけて責任転嫁《てんか》せずに、最初から最後まで責任を持つということです。止悪の行の「止悪」とは文字通り悪を止めること。知らず知らず出している愚痴やニヒリズムを意識して止めること。挑戦の行とは物事をすぐにあきらめて逃げてしまう傾きを超えて、少し高いハードルにも身を投げ入れて取り組んでみることです。喚起の行とは、心の中から「もう駄目だ」といった想いが湧いてきたとき、実際に胸を拳《こぶし》でポンと叩いて「さあ、頑張れ!」と喚起してみること。貢献の行とは、今まで自分のことで頭がいっぱいで人から心配してもらうのが当たり前になっていたのを、今度は自分の側から相手の方に出かけていって貢献させていただく、ということです。

◆現実の変革…そのような受信と発信の変革によって「卑下者」の心が少しずつ光転されてゆくとき、「卑下者」の魂がもともと抱いている個性の光が輝き始めます。

不安を抱え、周囲のまなざしに怯《おび》え、恐怖する「卑下者」の心の奥に、実は自らが恐れ

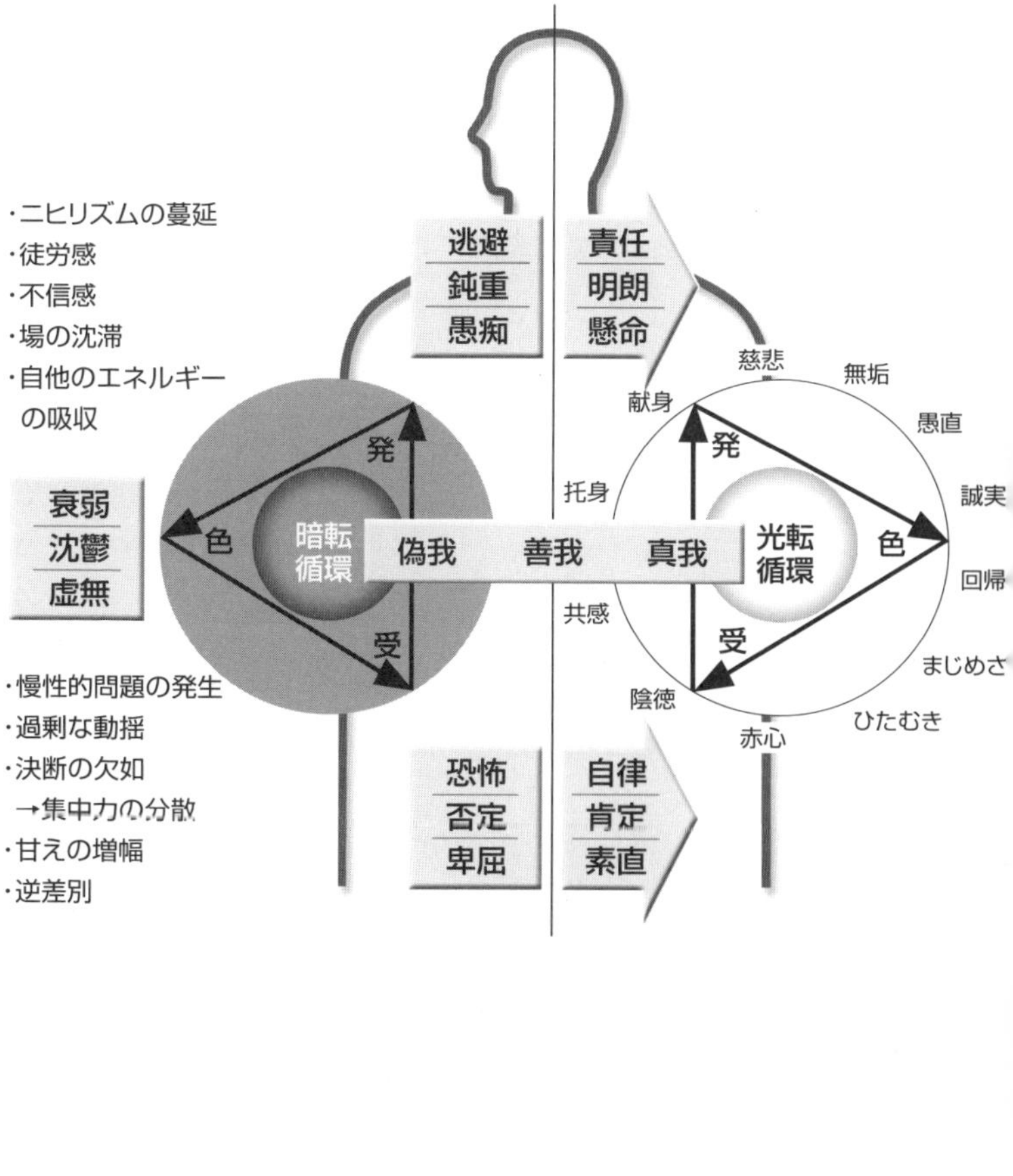

図表3-3　苦・衰退＝「卑下者」の受発色革命

と不安に苦しんできたからこそ、他人《ひと》の痛みを知る心、慈しみに溢れる心が眠っています。共に涙し、共に悲しむことができるということです。「誠実」に、そしてひたすら「愚直《ぐちょく》」に「陰徳《いんとく》」に尽くす心。「無垢《むく》」なる「赤心」から溢れ出す「献身」の光――。「どんな人でもこの厳しい忍土に生まれれば、迷い、苦しみ、何が真実なのかが分からなくなってしまうに違いない。心に棘《とげ》のように突き刺さったその苦しみを抜いて上げたい。癒《いや》して差し上げたい」――闇にあって一隅《いちぐう》を照らす共苦共悲《きょうくきょうひ》の心、「慈悲」の光を、世界に発信することができるのです。

勝つか負けるか、切るか切られるかで戦々恐々《せんせんきょうきょう》としている現代社会にあって、人々の心に真の安らぎと癒しをもたらす慈悲の光はどれほど待たれていることでしょうか。

「卑下者」の偽我の奥には「**慈悲・無垢・愚直・誠実・回帰・まじめさ・ひたむき・赤心・陰徳・共感・托身・献身**」といった人間の力が隠されていて、輝くときを待っているのです。

ガンジー、宮沢賢治の挑戦

先に触れたガンジーも、この「卑下者」の受発色を変革し、その内から、真我の光を放って生きた魂であったと思います。

比類のない徹底した強靭《きょうじん》さをもって「非暴力」による闘いを続けたガンジーも、初めからそのような強さを備《そな》えていたわけではありませんでした。幼い頃のガンジーは、きまじめで恐れの強い、気の弱いところすらあるごく普通の少年だったのです。学校が終わるとすぐ飛んで家に帰るのが毎日の習慣だったのですが、それは、人と話をする気になれず、いつも誰かから、からかわれはすまいかと心配していたからだったと言います。また、幽《ゆう》霊《れい》や蛇《へび》、そして暗闇が大変恐ろしかったことも自伝に記しています。怯えが強く、自信が持てず、人と会うのも厭《いと》うような引っ込み思案なガンジーの少年時代には、苦・衰退＝「卑下者」の傾向が見られるのです。

そのガンジーの受発色の転換を促したのは、容赦《ようしゃ》のない差別の現実でした。南アフリカで一等車に乗っていた若き日のガンジーが、車掌《しゃしょう》から引きずり降ろされたという有名な逸《いっ》話《わ》がありますが、それればかりではなく、同じ人間であるにもかかわらず、有色人種であるがゆえに家畜以下の手ひどい扱いを受けざるを得ない多くの人々の現実を、ガンジーは嫌というほど目の当たりにしたのでした。不当な差別に打ちひしがれる民衆の切実な痛みは、彼の魂を痛打しました。ガンジーを支配していた恐れ、「恐怖」の心は、この苦しみの現実を取り除き、魂の平等を何としても勝ちとろうとする不屈の「自律」的な意志となり、彼の行動原理は、インドの民衆に対する「責任」をどこまでも引き受けようとするそれに変わっていました。それは、ガンジーの内側で「卑下者」の受発色を変革してゆく歩みとともにあったはずです。

そのようにしてガンジーがなしたこと——。それは真理把持《はじ》、サティアア・グラハによる国家建設、その実践としての「非暴力」による闘いでした。そこには、まさしく「卑下者」の魂ならではの輝きを見出すことができます。他人《ひと》の痛みにどこまでも涙し、共に悲しむ「慈悲」「献身」「托身」「共感」「無垢」の心があるからこそ、力に対して力で対抗して多くの血を流すのではなく、真の魂の自由を勝ちとる道——「非暴力」による闘いを選んだのではないでしょうか。ガンジーの「ひたむき」さ、「愚直」さ、「誠実」さは、全インドの魂を揺り動かし、そればかりかその後も全世界に、その光を放ち続けているのです。

宮沢賢治（1896〜1933）

また科学者であり、詩人であり、作家でもあった宮沢賢治（一八九六～一九三三）が人生で辿《たど》った足跡《そくせき》や残した作品の中にも同じくこの魂の光を見出すことができます。賢治が生まれた明治二十九年は、記録的な大津波が三陸《さんりく》海岸を襲い、赤痢《せきり》やチフスが大流行したり、飢饉《ききん》のために多くの人々が餓死《がし》するという悪夢のような年でした。そうした時代状況の中に生を受けた賢治は、幼い頃から他人《ひと》の災厄《さいやく》や不幸を常に自分自身のものと感じてしまうような感受性の持ち主であったと言います。長ずるに従って、賢治は、熱心な浄土真宗信者でありながら貧しい人たちからお金を取り立てる質屋を営む父親への疑問、そして何よりもその恩恵に浴《よく》して生活している自ら自身への疑問が募《つの》ってゆきます。やがて導かれるように、農業指導者への道を歩み始め、臨終《りんじゅう》の間際まで相談に来る農民と共に過ごした賢治は、その生涯を通じて、貧しさの中で喘《あえ》ぐような生活を強《し》いられる人々の傍《かたわ》らで、共に涙し、その悲しみを背負って生き続けようとしたのです。賢治が手帳に書き付けていた、自らを励まし喚起するための覚え書きとみられる「雨ニモマケズ」には、そんな賢治の切々たる心情が描かれています。

「……東ニ病気ノコドモアレバ／行ッテ看病シテヤリ／西ニツカレタ母アレバ／行ッテソノ稲ノ束ヲ負ヒ／南ニ死ニサウナ人アレバ／行ッテコハガラナクテモイイトイヒ／北ニケンクヮヤソショウガアレバ／ツマラナイカラヤメロトイヒ……」

ここに溢れている光――それは「慈悲」「献身」「共感」「陰徳」「無垢」といった「卑下者」の偽我の奥に隠されている魂の光そのものです。

実践報告――卑屈を超えて魂の願いを思い出す

茂田明子さん（四十七歳）は二人のお子さんと、ご主人のご両親を含む六人家族の主婦であるとともに、フラワー教室を開いています。

明子さんが人生の中でつくってきた偽我は、苦・衰退＝「卑下者」ですが、そうなるにはそうなる理由があったのです。まず大きかったのはご両親のことでした。明子さんの父親は全盲《ぜんもう》で、母親は半盲。そのお二人の下に長女として生まれたのが明子さんでした。さらに、生まれ育った地域が閉鎖的な土地柄でもあり、その中で明子さんは差別の苦しみを受けることになりました。盲目が「うつる」といじめられたり、食堂で他のお客さんからあからさまに拒絶されたりといった悲しい想いを体験してこられたのです。

そうした中で、明子さんの心には「恐怖」や「卑屈」、「否定」といった「卑下者」の傾きがつくられてゆきました。

やがて明子さんは結婚されるのですが、その嫁《とつ》ぎ先のご主人のご両親もまた身体に障害と困難な病を抱えた方々でした。そこで明子さんの「卑下者」の傾向はますます強められてゆくことになったのです。明子さんの「愚痴」「鈍重」「逃避」の発信によって、家庭には「沈鬱《ちんうつ》」な現実が生まれていました。

フラワー教室の方でもちょっとしたことから関係が捩《ねじ》れてしまった方があり、その方が怖くてならず、電話にも出られなくなり、居留守《いるす》を使って避けるといった状態に陥《おちい》ってしまいました。そしてとうとう休業を告知するところまで精神的に追いつめられていったのです。

そんな明子さんに転換の機会が訪れます。お舅《しゅうと》さんがインフルエンザにかかり、いつも元気だった自分自身もまたインフルエンザにかかってしまったときのこと。高熱に侵《おか》されながら、ふと思いました。「自分は頑張ってきたつもりだったけど、義理の父、母に対して何も努力をしてこなかったのではないか……」、後悔が心の内から溢れてきたのです。

ほとんど寝たきりの状態で三十年間も外へ出ることもなく、薬を飲み続けてきたお姑《しゅうとめ》さんに対して、頭から外出は無理と思い込んできたけれど、本当にそうだろうか——。明子さんはご自身の「卑下者」の回路について見つめ始めていたときでもあり、もしかしたら、自分はこの偽我のフィルターを通してしかお姑さんを見てこなかったのではないかと気づいたのです。

そこから明子さんは、自らの受発色の変革に真剣に取り組み、「私が変わります」を実践し始めました。まず「否定」の受信を「肯定」に、「鈍重」な発信を「明朗」へと自分なりに工夫を凝《こ》らしながら変革していったのです。例えば、重い気持ちで沈みそうになると、その重い空気を外に出すようなイメージを描きながら、大きく息を吐き出すようにしたり、黒雲のような圧迫感が襲ってきたときは、自分の手で、その黒雲を押し返すようにして、その圧迫感を払いのけるようにしたのです。それは自らを励ます「喚起の行」でした。このようにして内界を見とり続け、行じ続ける日々の中で、周囲との関係が少しずつ変わってゆきました。

お姑さんは、明子さんの内界の変化と呼応《こおう》するように、次第に元気になり、驚いたことに、外出ができるようになりました。そしてとうとう、一人で同窓会にまで出かけるという奇蹟《きせき》のような恢復《かいふく》を見たのです。三十年ぶりのことでした。

二人の娘さんとの関係も、変わりました。かつては、親子でありながらお互いの間に距離があったのですが、明子さんが「卑屈」ではなく「素直」な気持ちで「懸命」に関わる中、娘さんも心を開いてくれるようになりました。今では、お互いに率直に本心を語り合える深い出会いができるようになったと言われます。

また、フラワー教室で関係が捩《ねじ》れてしまった方とも再結できました。明子さん自身が「逃避」せず、「責任」を取ろうと、積極的に動き始めることによって、ご主人の協力を得られ、相手の方の誤解を解くことができたのです。明子さんはこれを機会に、曖昧《あいまい》だった教室の原則を見直し、改定しました。今では、休業まで考えていたことが嘘のように、活気に満ちた教室へと生まれ変わったそうです。

何よりも大きかったことは、こうした変革への歩みの中で、明子さんの心が明るく自由になってきていることです。幼い頃から両親の手足となり、二人を守るために、いつも世間に対して「ちゃんとしなきゃ」と身構《みがま》えてきた明子さんでした。世間から後ろ指をさされることを恐れ、差別を恐れ、怯《おび》えていたその心が恐怖から徐々に解き放たれつつあるのです。

そして今、明子さんはこの人生で何がしたかったのか、魂の願いがはっきりしてきたことを実感しています。「かつての自分のように苦しみや悲しみの中にある人の同伴者として生きられたら――」。そんな願いが沸々《ふつふつ》と生まれ始めているのです。幼い頃、雪の降る冬の日、病院のベッドの上で、両親に来てほしくても到底叶わないことを痛いほど分かっていた明子さんは、傍《かたわ》らにいて手を握っていてくれる人がいたらどんなによいだろうと思ったと言います。

そんな明子さんだからこそ、同伴者の必要性を切実に感じずにはいられないのです。厳しい境遇ゆえに宿命の洞窟に呪縛《じゅばく》される。しかし、そこにまた、果たすべき使命への呼びかけが届いている――。明子さんは今、人生の不思議をしみじみと感じています。

快・衰退＝「幸福者《こうふくもの》」の受発色革命

快・衰退＝「幸福者」の受発色の変革は、まず自己変革の必要性に目覚めることから始まります。周りからも「よい人」と見られ、自分に対して問題を感じにくいのが「幸福者」の偽我の特徴です。なぜ自分を変えなければならないのかが分からないために、変革に向かうのが難しくなるのです。それだけに、日々起こる出来事や事件の中で自分の心がどのように動いているのか、外界の出来事と内界とをつないで見つめることは変革へ向かう重要な第一歩となるのです。

◆受信の変革…「満足」「鈍感」「依存」の受信をそれぞれ「**後悔**」「**鋭敏**」「**回帰**」の善

我を育むことによって変革してゆきます。

事態に対して何となく受けとめて「こんなものでしょう」「よかった、よかった」「大丈夫」と安心する「満足」の受信に対しては、一つ一つの事態や出来事に対して、本当にこれでよかったのかどうか、よく振り返り、足りなかった点や不備、未熟に対しても深く見つめること。そうすれば自《おの》ずから「後悔」が生まれてくるでしょう。そして、後悔の念が生じるならば、鈍感ではいられなくなります。自分の目に見える狭《せま》い範囲しか見ていないがゆえに満足してしまえるだけで、もし責任の範囲を広げるならば、懸念《けねん》や心配な点が必ず見えてくるのです。

また、世界との間にヴェールがかかったような「鈍感」な心に対しては、そのヴェールを剝《は》いで、「鋭敏」な心へと転換してゆくこと。

誰かに「依存」して、それ以上自分で考えなかったり、「寄らば大樹《たいじゅ》の陰《かげ》」と外に依存の相手を求め、どんどん流されてゆく甘えの心に対しては、「もともと自分は何がしたかったのか」と自らの動機を内に向かって問いかける「回帰」の心を育むことによって、変革の手がかりを得られることでしょう。

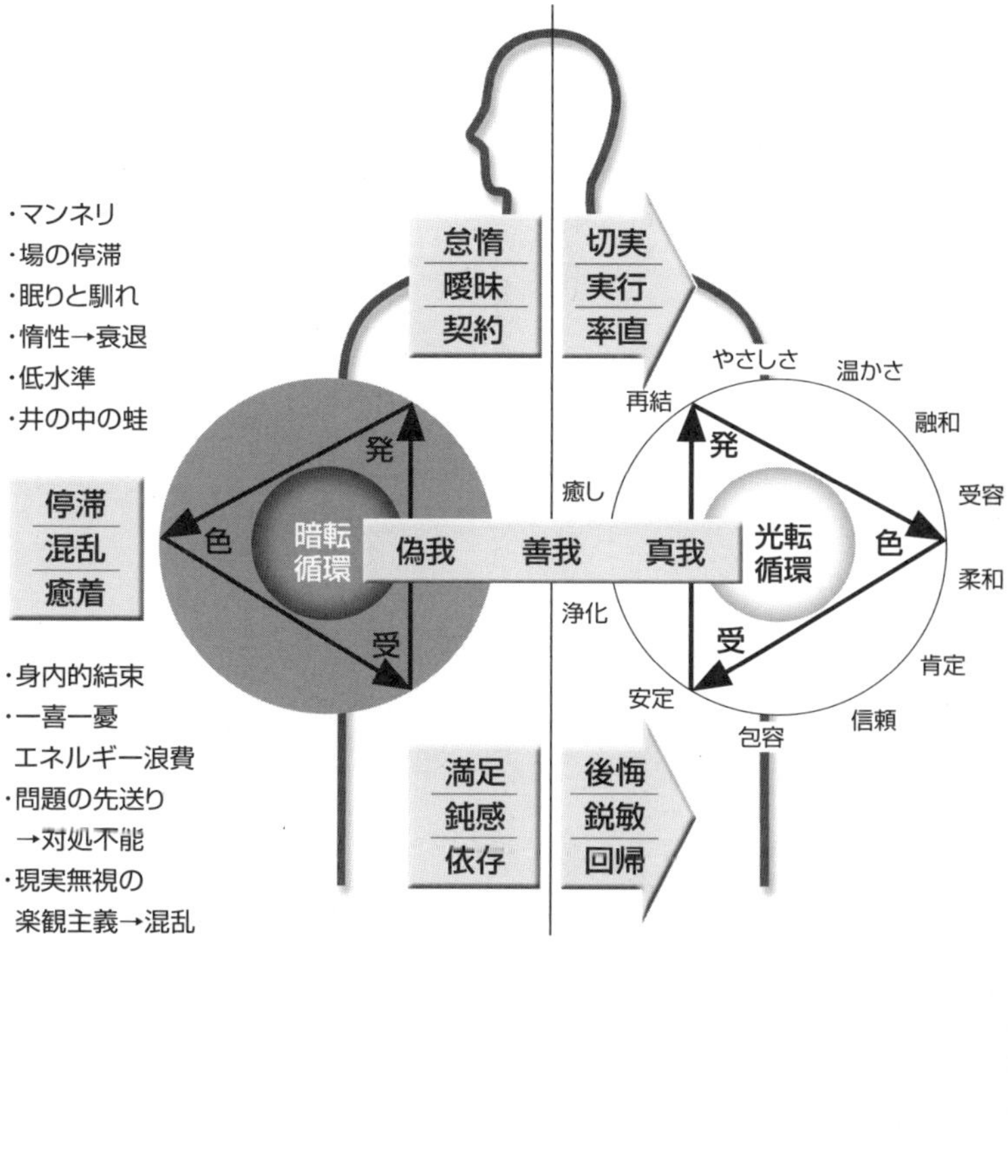

図表3-4　快・衰退＝「幸福者」の受発色革命

◆発信の変革…そうした受信の変革に基づいて、発信を変革します。「怠惰」「曖昧」「契約」の発信に対して「**切実**」「**実行**」「**率直**」の善我を育むことです。面倒なことややっかいなことを避けて、適当にやり過ごそうとする「怠惰」に対しては、流されずに「切実」に。「曖昧」に対しては、はっきりと「実行」すること。発信においての曖昧さは、必ず混乱を生ずるものだからです。曖昧さを排除し、明確にして「実行」することを心がけるのです。また、相手に対して無自覚のうちに「契約」して、相手や場に同調するのではなく、本心から「率直」に語り、関わることです。

以上の受信・発信の変革を、自覚的に進めてゆく「行」には、「率直に語る行」「回帰の行」「持続の行」「刻印の行」「収斂《しゅうれん》の行」などがあります。率直に語る行とは、人間関係を荒立てることを嫌い相手に合わせる日和見《ひよりみ》的な関わりをしがちな「幸福者」的傾向を超えるために、自分が感じている本当の気持ち、本心を語ることです。回帰の行の「回帰」とは、「止観シート」と『祈りのみち』などによって自分の心を見つめ、今自分が本当に大切にしなければならないことを常に求めることです。持続の行は「卑下者」の「行」にもありますが、「幸福者」の場合は、「どうしても、これをしなければ」という切実感を取り戻すことにその本質がありますこと。「まあいいか」では済まないものがあることを自ら確かめる歩みです。刻印の行とは、物事を曖昧にして失敗もすぐ忘れてしまう「幸福者」の傾きを超えるために、自覚的に深く心に刻印することです。快・衰退の受発色ゆえに起こしてしまった出来事を「失敗ノート」をつくって記録したり、自分にペナルティ（罰則《ばっそく》）を課してその痛みを自覚します。収斂の行とは、物事に集中できず、広く浅く適当になってしまう「幸福者」の傾向を超えるために、意識を一つのことに集中してゆく「行」です。

◆現実の変革…このような受信・発信の変革によって「幸福者」の心が光転したとき、**「やさしさ・温かさ・融和《ゆうわ》・受容《じゅよう》・柔和《にゅうわ》・肯定・信頼・包容・安定・浄化・癒し・再結」**といった人間の力が内から現れ出ます。

現実無視の楽観主義者である「幸福者」の心は、すぐに日々の習慣力の中に埋没《まいぼつ》する意識の眠りによって、場の停滞やマンネリ、問題先送りによる対処不能という現実を生み出してしまいます。しかしこの意識の埋没や睡眠を滅《めっ》するならば、その奥から、人々の心を「包容」し、まごころをもって人を愛し、包む真の個性が現れ出るのです。人や場を愛する真の「やさしさ」「温かさ」「包容」力——。それは、人間に対する「信頼」感を恢復させ、場に「安定」をもたらし、「再結」「浄化」の現実をもたらす光です。いつもいらいらし、不信や不満に覆《おお》われた時代に対し、この「融和」や「癒し」の心もまた、大切な個性の光として花開くことが待たれているのです。

井深八重《いぶかやえ》、桂小五郎《かつらこごろう》の挑戦

ハンセン病患者の看護と福祉の向上につとめた井深八重（一八九七～一九八九）もまた、この「幸福者」の受発色を変革し、その内に眠っていた真我の光を社会に投げかけて生きた方であったと思います。

井深八重は、明治三十年、旧会津《あいづ》藩家老《かろう》の家柄で、国会議員にまでなった井深彦三郎の娘として生を受けました。幼くして母親を亡くした彼女は、明治学院総理だった父方の叔父の家に預けられ、何不自由なく英才教育を施《ほどこ》されて、女学校を卒業後、英語教師として長崎の県立女学校へ赴任《ふにん》します。

ところが一年後、縁談の話が来た矢先に自分の身体に異変を発見。診断の結果、ハンセン病であることが分かりました。当時、ハンセン病は遺伝病という誤った俗説があり、「恥

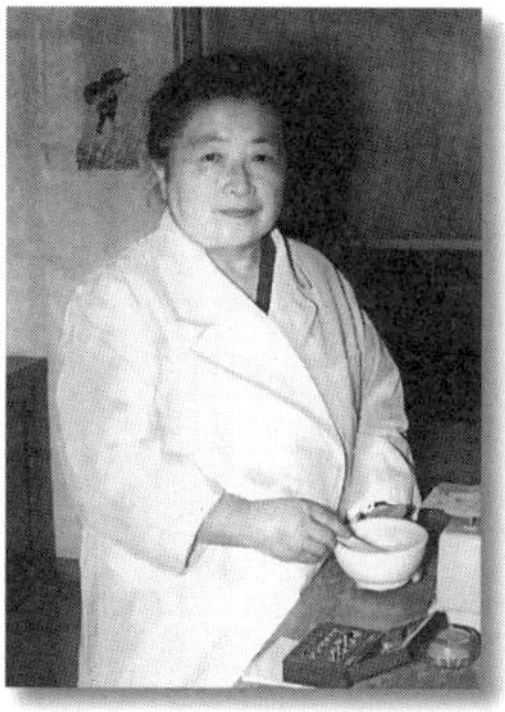

井深八重（1897～1989）

ずべき業病《ごうびょう》」とされていました。

あまりの衝撃と悲しみに、何度か命を絶とうと思ったと彼女は後に語っています。しかし、その絶望の淵《ふち》にあって、彼女は多くのことを肌身で体験したのです。世間から隔離された病院の中でも明るさを失わない患者さんたち、そして素手で患者をなでさする院長の身を挺《てい》しての献身……。

一年後、なかなか症状が悪化しないこともあり、東京の皮膚科の医院で再検査を受けると、なんとハンセン病ではないという診断が下されました。誤診であることが分かったのです。当然、神父さんから退院を勧告《かんこく》されるわけですが、八重は首を縦に振りませんでした。しかも「許されるならここにとどまって働きたい」と申し出たのです。

恵まれた環境の中では知り得なかった人々の痛み、悲しみを知り、その人々の光となって献身的に努める神父さんや看護婦さんに接する中で、宿命のままの「受発色」に亀裂《きれつ》が入り、新たな「受発色」が生まれ始めていました。彼女は共にあった人々の人生に共感し、愛さずにはいられなくなっていたのです。そして、これまで幸せと思っていたことが色褪《あ》せて見えるほどの、本当の幸せを知ってしまったのです。様々な痛みに苛《さいな》まれている方に手を差し出さずにはいられなかった。自分も痛みながら、それでもなお人を励ます人々の勇気とすがすがしさに応えずにいられなかった。そしてまた、絶望のどん底で喘《あえ》いでいた自分に生きる勇気を与えてくれた神父さんたちのまごころと愛に応えずにはいられませんでした。まさに井深八重はその愛ゆえに「私が変わります」を生き始めたのです。

彼女は改めて看護婦としての勉強を始め、資格を取り、再び病院に戻ります。そして文字通り、寝食《しんしょく》を忘れての日々が始まったのです。掃除や農作業、包帯の交換と洗濯……。患者さんたちが生きてゆくために必要な看護のすべてを担うことになりました。以後、六十有余年にわたって献身的に尽くした彼女は、患者さんたちから「母にもまさる母」と慕《した》

桂小五郎（1833〜77）

われました。いつも笑《え》みを絶やさず、どこまでも控えめで、人の徳をたたえる彼女の人柄からは、「癒し」「やさしさ」「包容」「融和」の光が溢れていました。その光が、どれほど傷ついた心を抱えた患者さんに救いをもたらしたことでしょうか。

桂小五郎（一八三三～七七）が明治維新の折に発揮した個性もまた、この「幸福者」の受発色を変革することによって現れた真我の光と言えるでしょう。

風雲急《ふううんきゅう》を告げる幕末の嵐が吹き荒れる中、桂小五郎は、長州《ちょうしゅう》急進派の総帥《そうすい》とも言うべき立場にありながら、過激な直接行動は避け、政治的な調整によって政局を動かそうとします。そうした点に桂小五郎の特徴があると言えます。例えば、水戸藩と交わした密約もそうです。江戸湾に停泊《ていはく》した長州藩軍艦で会談した盟約《めいやく》により、水戸《みと》が破壊行動を起こし、その後を受けて長州が政治的に収拾するという密約。その推進役は桂小五郎でした。

また有名な薩長同盟《さっちょうどうめい》の密約の実現にも、桂小五郎の個性は不可欠でした。何度か薩摩《さつま》藩から煮え湯を飲まされていた長州藩にしてみれば、薩摩藩との同盟は、感情的には許し難いものがありました。しかし幕府に対抗するには薩長同盟しかないというのが、小五郎のかねてからの持論でした。紆余曲折《うよきょくせつ》の末、京都薩摩藩邸で西郷隆盛と会見したとき、開口一番、これまでの薩摩藩の行動への痛烈な批判を行ったのも、「虚心《きょしん》に手を握り合うために敢《あ》えて言っておきたい。それで事が破れるようなら無理矢理《むりやり》成立させても無駄」という悲壮な決意の現れだったのではないでしょうか。

裕福な医者の息子として生を受けた小五郎は、幕末の志士には珍しく恵まれた環境の中で成長しました。怠けるでもなく特別に励むのでもなく、どちらかと言えばのんびりと幼少期を過ごしました。そのままならば歴史の表舞台に上ることもなかったかもしれません。それが剣術を志してたちまち頭角を現し、小五郎の進路が少しずつ開かれてゆくことになります。嘉永《かえい》六年（一八五三）、ペリー来航事件に際して警固士《けいごし》として警備についた小五郎の目に焼き付いたペリーの巨艦。初めて目の当たりにする新しい時代からの風――それは小五郎にとっても相当衝撃的な事件だったに違いありません。小五郎の「受発色」に変革が起こり始め、運命が転換し始めるのも、まさにこの時期でした。

やがて長州藩の指導的立場に就《つ》き、前述のような歴史の旋回《せんかい》を促す決断が生まれてゆくのも、小五郎の中から、「再結」「融和」「受容」「安定」といった魂の光が放たれたからこそではないでしょうか。

実践報告――依存の奥から輝き出す癒しの光

遠藤好子さん（五十二歳）は、今から十五年ほど前に夫を亡くし、その後五人の男の子を女手一つで育ててきた一家の主婦です。

数年前、好子さんに大きな試練がやってきました。うちの子は大丈夫と思っていたその五人の子どもたちが、ほとんど同時期にそれぞれ問題を抱えることになったのです。

長男の突然の退職。次男はこれからまだもっと社会勉強もさせたいと思っていた矢先に、若くして結婚をすると言い出しました。寝耳《ねみみ》に水の出来事でした。そして三男も仕事を退職。四男は学校から連絡が入り、近頃登校しておらず、退学したいと言っていることが分かりました。さらに五男まで、自閉症のように家に閉じこもりがちになってしまったのです。

矢継《やつ》ぎ早《ばや》にこれだけのことが降りかかり、好子さんは困惑《こんわく》してしまいました。追いつめられる中で、好子さんは内側を見るしかないと思うようになり、「止観シート」に取り組み、『祈りのみち』を手がかりに自らを見つめる歩みを深めていったのです。

その過程で次第に見えてきたのが、自らが人生の中で背負った宿命の洞窟であり、そこでつくってきた「幸福者」の受発色の現状でした。

自分の心を深く掘り下げてゆくと、そこに「ほどほどにしていればいい」「誰か何とかしてくれる」「煩《わずら》わしいから適当でいい」……。そんな「幸福者」のつぶやきがあることが見えてきたのです。

最初は「悪いのは子どもたちであって、自分ではない」という想いが強くあり、どうやって子どもたちを変えるのかということばかりに目が向いていたのですが、次第に自分の内側に目が向くようになり、原因は自分の中にあったことに気づいていったのです。

「ああ、こういう現実をつくったのは私だった。私の偽我がそうさせていたんだ——」。

そんな気づきが起こると同時に、後悔の念が湧き上がってきました。

子どもたちに対する「鈍感」な受けとめから、「曖昧」な発信をし、「混乱」の現実をつくっていたこと。「依存」で受けとめ、「契約」をし、「癒着」の関係をつくっていたこと。そうした自らの現実に目が開かれていったのです。

好子さんはこのような「幸福者」の受発色がつくられてきた人生の背景も見つめてゆきました。

好子さんは幼い頃から父親が大好きでした。父親もまた好子さんを目の中に入れても痛くないほど大変かわいがり、好子さんは父親から強く叱《しか》られたことも、手を上げられたこともなかったと言います。

一方、好子さんの母親は、やり手でしっかり者の母親に育てられたこともあって、誰かの庇護《ひご》の下に依存して生きてゆくことが自然なおっとりとした方でした。こうした両親の下で何不自由なく育てられた好子さんは、大学は叔母さんのいるアメリカへ留学し、恵まれた環境で二年間の学生生活を送りました。まさに「幸福者」の受発色がつくられてゆく少女期、青年期だったのです。

しかしその後、好子さんが留学を終えて帰ってみると、父親は家を出て、他の女性と暮らしていました。好子さんは父親がそんなことをするとは信じられず、父親の裏切りに深く傷つきました。間もなく、家庭に居場所を見つけることもできず、悲しみを抱えていた好子さんは一人の男性と巡り会い、すぐに結婚に踏み切ったのです。ご主人は頼りになるしっかりした方で、ご主人に守られて、ますます「幸福者」の偽我を強めてゆきました。やがてこのご主人を失い、苦労をするのですが、やはり、長年つくってきた受発色の習慣力は強力だったのです。

好子さんはご自身の内側の回路を見とり、早速《さっそく》「私が変わります」を実行に移してゆきました。例えば、これまで行ったことのなかった四男の学校に出向き、先生と出会い、息子さんの学校での現状をつぶさに聞きました。食事時など触れ合う機会があれば、なるべく気持ちを聞く時間を取りました。また、他の子どもたちのアルバイト先にも出かけてゆき、仕事先の様子なども知るように努力したのです。その一つ一つの受信と発信の変革は、長い間絶大な庇護の下に生きてきた好子さんにとっては高いハードルでした。

そうした地道な変革を重ねる中で、子どもたちとの交流の時間が増え、それぞれの気持ちに対して敏感に受けとめられるようになってゆきました。好子さんの心の深化に呼応するように、子どもたちにも少しずつ光転の現実が現れるようになっていったのです。長男は生き甲斐《がい》を感じられる仕事に就くことができ、四男も優秀な成績で学校を卒業することができました。

同時に長い間関係が捩《ねじ》れていた好子さん自身の父親や母親との絆が再結され、家族が一つに結ばれるという、思ってもみなかった変化も訪れたのです。好子さんにとってどれほどの喜びだったでしょうか。

好子さんは問題を切実に受けとめ、受発色の変革を実践してゆく道のりで、「回帰」や「鋭敏」、「実行」や「率直」といった心を育んでゆきました。そして今、恵まれ、愛された自分だったからこそ、自己満足を超えて多くの方々のために尽くしてゆきたいと願ってボランティア活動に忙しい日々を送っています。「幸福者」の偽我の奥に隠されていた真我の光――「癒し」や「やさしさ」が家族を照らし、周囲を照らし始めているのです。

宿命の洞窟からの解放

受発色革命を起こすということは、あなたの未来を大きく変えてゆくことです。受発色が変革されれば、一瞬一瞬生み出される現実はまったく異なるものになります。その蓄積が導く未来は当然変貌《へんぼう》を遂げるのです。しかし、受発色革命がもたらすものは、実は未来の変革だけではありません。人生を支配している過去からの自由も与えるのです。人生の成り立ちの中で、動かし難く一人ひとりを呑み込んでいる宿命の洞窟を砕《くだ》いて、そこからの脱出＝宿命の洞窟からの解放を導いてくれるものなのです。

その重き宿命を背負ったがゆえに、至ることのできる高みがあります。人はその条件で嘆く「こうだったから、こうなってしまった」という人生から、その宿命に抗《あらが》いはね返そうとする「こうだったけれど、こうなれた」人生を生きることができるばかりではなく、宿命の中にかけがえのない使命の光を見出す「こうだったからこそ、こうなれた」という生き方へと深化させてゆくことができるのです。

先述した小島敬一さんが絆の切れた家族であったがゆえに、その絆断絶の宿命の洞窟を脱してゆく道のりで、異質な者同士をつないでゆくことへと強く惹《ひ》かれていったように。そして茂田明子さんが差別という苦しみを受けたがゆえに、同伴者として生きてゆきたいと、人生の目的に目覚めていったように、過去もまた輝き出し、その受けた痛みゆえに、新しい未来を創造してゆくことができるということです。

このように、受発色の変革は新たな現在・過去・未来を創造します。

見回すならば、私たちの周囲には自分の受発色の痕跡《こんせき》がここにもそこにも散在していま す。現在の人間関係、従事している仕事、友人の存在、悩まされている問題群……。様々な現実はみな自分の受発色の集積にほかなりません。人生とは自らの受発色の描く軌跡《きせき》と言えます。

そして、これから始まる未来を創り出してゆくのも間違いなく一人ひとりの受発色です。これからの五年、十年、二十年。あなたは一体どれほどの受発色を重ねてゆくことでしょうか。何千回、何万回……。その無数の内と外との応答によって、確実にあなたの人生は一つの形を描いてゆきます。その人生を宿命の洞窟に縛《しば》られたままでつくってゆくのか、変革された新しい受発色によってつくってゆくのか、一人ひとりに委《ゆだ》ねられているということです。

ただ一つしかないかけがえのない人生――。しかもそれは孤立して存在するのではなく受発色によってネットワークのごとく他とつながり、連鎖してゆきます。一人の受発色は日々刻々共に生きる人々に影響を与え続けているのです。一人の受発色が変革され、未来が輝き、過去が輝くならば、必ずその周辺が輝きます。

宿命の洞窟から解放された自由な魂たちが放つ多様な光――。生命力に満ちた豊かな森は多様な植物によってこそ生まれるように、個性溢れる多様な光に満たされた新しい未来が創造されることを願わずにはいられません。

第四章　主導権を奪回する

あなたは人生の主導権を握っているか

「私が変わります」宣言を生きるということは、いつでもどこからでも始めることができます。もちろん、今すぐにスタートさせることが可能です。

けれどもそのきっかけとして、私が最もふさわしいと思うのは、まず私たちが自分自身の生き方に「主導権」を取り戻すということです。

主導権とは、「物事を主導する力のこと」と辞書にあります。主導とは「主となって導くこと」――。

この字義から考えれば、物事を、中心になって決定権を自らに保持しながら進める力のことと思えます。そこから、仕事、社会的な人間関係、家族との関わりについて、自分がいかに優位に立って、その権限を拡大してゆくのか――。それが「主導権」のテーマであると考える方が多いのではないでしょうか。つまり、自分の思い通りに物事を進めるための権限こそ主導権であるという分かり方です。

そして多くの人は、当然自分の人生の主導権は自分が握っていると思っているでしょう。

「日々、自分自身の選択で人生を生きている」「左へ行くのも右へ進むのも自分自身で決定している」と考えています。しかし、それは本当でしょうか。現実は次から次に訪れる外的な刺激に翻弄《ほんろう》されており、自分の明らかな意志をもって、判断し、行動することは決して容易なことではありません。とりわけ、私たちが自分にとって困惑《こんわく》する事態に遭遇《そうぐう》したときなどがそうです。

例えば、私たちの目前に問題が現れたとしましょう。そのとき、私たちはどのようにその事態に接するでしょうか。その問題が大きな問題であればあるほど、私たちはその衝撃に驚きます。動揺し、慌《あわ》ててしまうかもしれません。そして大抵の場合、とにかく一も二もなく、それを早く自分の目の前から取り除こうと動いてしまうのではないでしょうか。

そしてまた、そのようなとき、私たちにとって主導権とは、「誰かに指示して対処させることができる力」、あるいは「これは、誰々が悪い、システムが悪いと問題点を指摘して、それを是正《ぜせい》するように要求できること……」になっているということなのです。

自分が優位に立って物事を進めることができる。自分が変わらずに相手を変えることができる。面倒なことを自分がせずに誰かを動かすことができる。相手の要求に屈服《くっぷく》することなく自分の主張を貫くことができる。自分の優位を保つことができる……。つまり、自分の思い通りに有利に事を運ぶことができることこそ、物事の主導権であると考えているわけです。

主導権を奪回《だっかい》することは、人生の極意《ごくい》

しかし、私たちがここで考える「主導権」とはそれとはまったく違うものです。さらに言うならば、私たちは自分自身の主導権について、大きな誤謬《ごびゅう》を犯してきたと言わなければなりません。

問題が起こったとき、私たちはその問題に圧倒されて心が釘付《くぎづ》けになり、一日中気が滅入《めい》ったり、重たい気分になります。つまり、それほど私たちは、外の世界に起こる現実には過敏《かびん》であり、大きな影響を受けているということです。にもかかわらず、実はほとんどの場合、自分自身のことや内側を見つめようとはしません。まさに心には無頓着《むとんちゃく》であるということです。「内に目を向けている暇《ひま》があったら、とにかく問題に対処した方がよい」「目

の前で問題が起こっているのに、心のことなど考えている余裕などはない」と受けとめているのです。

しかし、それは本当でしょうか。

本来、現実と私たちの心は区別することができないほど一体になっています。問題もまた、私たち自身という内側の世界と外側の世界が一つになって生まれている――。それなのに、私たちは外側だけの半分しか見ていないということです。

しかもさらに重要なことは、ではその二つのどちらに対して私たちは責任を持つことができるのかということなのです。

私たちが意識する外の世界というのは、私たち以外の誰かであったり、私たち以外のどこかの団体であったり、制度であったり、事態であったりします。他者の意志がそこには関与しています。一方、普段見落としている半分の内側の世界とは、私たち自身であり、私たちの心です。

もう明らかでしょう。私たちが責任を持って対処できるのは、何よりも外ではなく内側、他人や事態そのものより自分自身であるはずです。

私たちは自分の影響下にありコントロールできる私たちの内側、心の世界に対しては目を向けることなく忘れ、一方で、アウト・オブ・コントロール（制御不能）である現象世界、他の人や事態ばかりを変えよう動かそうとしてきたのです。この大矛盾に気がつかなければなりません。「私は変わりません。世界の側だけ変わって下さい」をやり遂げることこそ、主導権の行使であると思い込んできた。だから、誰かを変えよう、外を変えようとしてきたのです。

「今まで自分は、主導権を発揮することのできない、現実の次元ばかりに気を取られていて、主導権を握っている自分の側、自分の内側に無頓着《むとんちゃく》だった」とその矛盾に自ら気づいたとき、私たちは、主導権のある内を変革して、結果として外が変わるという態度を示してゆくことができるようになるのです。

そしてその姿勢こそ、「私が変わります。その私が世界と新しい関係を結びます」に合致《がっち》するものではないでしょうか。

具体的には、現実に対しても関わってゆくことはもちろん必要です。けれども自分自身を変革することを忘れないこと。何よりもまず心と現実は二つで一つであることに目覚め、主導権のある内を変革し、結果として外が変わることを受けとめる。そのように、内から外へ、自分から世界へと循環させることができるのです。

主導権とは、物事に対して本当の責任を持てること、現実的に改善することができること――。目の前の問題やテーマに対して、自分を変えてでもそれを何とかしようとする姿勢、つまり、「私が変わります」の姿勢を持つとき、主導権を持っていると初めて言えるのです。

すべては「主導権の奪回」から始まった

本書の前半で取り上げた、「私が変わります」を実践し、歴史を創ってきた一人ひとりの歩みにも、明らかに主導権を奪回する過程がありました。

ガンジーの奪回

例えば、ガンジーがインド独立運動の先頭に立ち、サティア・グラハの精神に基づいて、非暴力の行進を推し進めるに至るまでにも、主導権の奪回の瞬間がありました。

イギリス留学で弁護士の資格を取り、最初の赴任地であった南アフリカに行ったときのこと。そこでガンジーは、自分が白人社会の中では異質な徴《しるし》を持つ人間であることを初めて強く意識することになります。自分と同じ有色人種である黒人たちが様々な差別を受けているのを目の当たりにします。そして自ら自身も、直接的に差別を経験しました。列車の一等車両に乗ろうとして車掌から拒絶され、強引に降ろされるという仕打ち——。言い知れない屈辱《くつじょく》感と恐怖の中で、ガンジーは、黒人たちが毎日のように受けていた差別を深く知ることになりました。それを自ら経験して、分かっているつもりだった差別の現実の重さに改めて衝撃を受けたに違いありません。

そして「ここでのインド人の運命は自分の運命でもある」とガンジーは差別と闘う決心をしたのです。それまで外の出来事だった差別の現実は、自分自身の現実となりました。まさにこの想いは、ガンジーにとって、主導権の奪回を意味していました。

それからというもの、ガンジーは差別を受けたインド人に会っては話を聞き、白人たちとの交渉のフロントに立つようになったのです。引っ込み思案だったガンジーは影を潜《ひそ》め、在留《ざいりゅう》インド人たちのために闘うガンジーとなっていました。後年のインド独立のために闘うガンジーへと転換していたのです。

レイチェル・カーソンの奪回

環境問題の旗手《きしゅ》となったレイチェル・カーソンにも、主導権の奪回があったはずです。自然の姿、特に海辺の生物的様相を描く作家として出発したカーソンは、対象である自然について調べるほどに、そこに人間によって汚染されてゆく自然の痛みを見出すことになってゆきました。

そんなカーソンの許に一九五八年、友人の一人から手紙が届きます。その手紙は、マサチューセッツ州が蚊《か》の撲滅《ぼくめつ》のために飛行機による農薬の空中散布を行ったため、禁漁区《きんりょうく》の鳥たちを殺してしまったという報告でした。

農薬の万能の効用が賞賛されていた当時、実はこのような事例は少なくなかったようです。カーソンはこの手紙に驚きました。そして無計画な農薬の使用に対して怒りを覚え、このような環境汚染の現実を何とかしなければならないと思い至ったのです。

しかし、このとき、カーソンの身体《からだ》はすでに癌《がん》に侵《おか》されており、そのこともあってか、まず著名なジャーナリストの知人にこのことを取り上げるように提案するのです。このような大問題は自分のような者が取り上げるべきことではないと思っていたのでしょう。けれども、そのジャーナリストから「これはあなたが書くべきだ」と促《うなが》されるのです。そして、友人たちの多くからも同じ助言を受けました。

一介の科学者に過ぎないカーソンが、現代社会に警鐘《けいしょう》を鳴らす。それはある意味で、時代との闘いを意味します。しかも肉体は重い病に侵されている——。それは厳しい選択でした。

しかし、このときカーソンは引き受けるのです。カーソン自身が現代という時代をつくってきた人間の一人として、自然に対して、また未来の人々に対して責任があると自覚し、そのテーマを自分が引き受けようと思ったそのとき、この広大な環境問題に対する主導権をカーソンは手中にしたと言えるのではないでしょうか。

釈尊《しゃくそん》の奪回

そして、人間の生きる道を説いた釈尊にも、主導権の奪回の瞬間があったと私は思うのです。

そこはかとない自らの不安と、世の中に繰り広げられている虚《むな》しい現実の苦悩から、釈尊は一国の王子としての立場を放棄《ほうき》し、修行の旅に出ました。それはあくまで釈尊個人の苦悩であり、個人的な不安に対する解答を求める道行きだったわけです。そして、六年の厳しい修行によって、釈尊はついに世界の実相を悟る瞬間を迎えます。断食《だんじき》と瞑想《めいそう》によって、極限まで生命と精神の力を研《と》ぎ澄《す》ましていった末に迎えた、宇宙即我《うちゅうそくわれ》の経験のときでした。生い立ちの中で抱えてきた苦悩と不安が雲散霧消《うんさんむしょう》し、釈尊は言葉に尽くすことのできない平安に満たされます。なぜ、人間がこれほどの苦悩に取り囲まれ、追い立てられるのか。どうしたらそれらの苦悩から解き放たれるのか――。一切の解答を得た釈尊の魂は明るさと静けさに溢《あふ》れていました。

その一方で、この神理を衆生《しゅじょう》に説いたとて誰が理解するだろう、それは難しいという想いが心を占めました。ならばこのまま、この平安の中で、食を断《た》って涅槃《ねはん》に至りたい――。

そんな想いを噛《か》みしめていた釈尊の心の片隅にわずかに、「本当にそうだろうか――。本当にそれでよいのか」と自問が起こります。このとき、伝承は梵天勧請《ぼんてんかんじょう》が起こったと記しています。突然、虚空《こくう》から梵天が現れ、命を絶とうする釈尊に、衆生に道を説くことを勧《すす》めるのです。釈尊がこの甚《はなは》だ深遠な神理を説いても誰が分かるのかと反問《はんもん》すれば、梵天はたとえその本質を理解できなくても苦しみの最中にある衆生が生きる希望を持つことはできる、そして中には救われる者もあるはずだ、と現に苦しみ迷っている衆生たちへの慈悲心を説きました。釈尊はそこで伝道の志を立てたのです。

自らの不安と苦悩を発端《ほったん》として道を求めた釈尊が、世界に満ち満ちる衆生の不安と苦悩、その悲苦の現実を、わがこととして引き受けた転換の瞬間でした。この世界に溢れる衆生の痛みを何とかしたい、そのために私は命ある限り、闘い尽くそう――。その想いの溢れこそ、釈尊が世界の悲苦、世界の苦悩に対する主導権を握ったときであったと私には思えてなりません。

事態の「因」となる――因縁果報《いんねんかほう》の智慧《ちえ》

今目の前に生じている現実に対して、その責任を背負う主導権――。現に起こってしまった問題に対して自分の責任をはっきりと自覚し、その問題に関わってゆくことを決意する主導権――。この主導権の奪回について理解を深める上で大変重要な「因縁果報」という智慧があります。このまなざしを持つことによって、私たちが事態に対する主導権を奪回するということが一体いかなることなのかが、一層明瞭になり、その意味と必然を深く受けとめることができるようになります。

因縁果報とは、仏教の言葉です。因縁という言葉にまつわって伝わってくる情感的な響きとは異なり、この言葉は、もともとは物事の全体を捉える十如是《じゅうにょぜ》という言葉の一部に当たる、極めて明晰《めいせき》で論理的な言葉なのです。十如是とは、相《そう》・性《しょう》・体《たい》・力《りき》・作《さ》・因《いん》・縁《えん》・果《か》・報《ほう》・本末究竟等《ほんまつくっきょうとう》というもの。「相」とはあらわれ、「性」とは性質、「体」とは本質、「力」は力、「作」とは作用で、その作用の内実が、「因縁果報」となります（「本末究竟等」は、初めから終わりまでまったく等しいという意味です）。「因」は原因の中心・直接的な原因、

「縁」とは条件・間接的原因、そして「果報」とは結果、影響というほどの意味です。すなわち、因縁果報というのは、ある問題が今生じているならば、それは、因(直接的原因)と縁(間接的原因)が結びついて生じている果報(結果)であるとする捉え方です(図表四―一参照)。

例えば、家庭で子どもたちの問題が起こった、会社で仕事上の問題が生じたとしましょう。通常であれば、私たちは「子どもが困ってしまう」「担当者が駄目だから……」と言いながら、その事態の責任は子どもや担当者にあると考えます。それは論理的には必ずしも間違いではないわけです。確かに子どもたちや社員の人生を中心に考えれば、当事者である彼らがその責任を負っていることは当然であり、そのように捉えることは彼ら自身にとっては大切なことです。

ただ私たちはどうかと言えば、往々《おうおう》にして傍観者《ぼうかんしゃ》になって、基本的に自分に責任があるとは思えない――。私たちの現実ということからすれば、それでよいということはありません。

私たちは先に主導権の問題を見てきました。そこでは私たちが主導権を持っているのは、

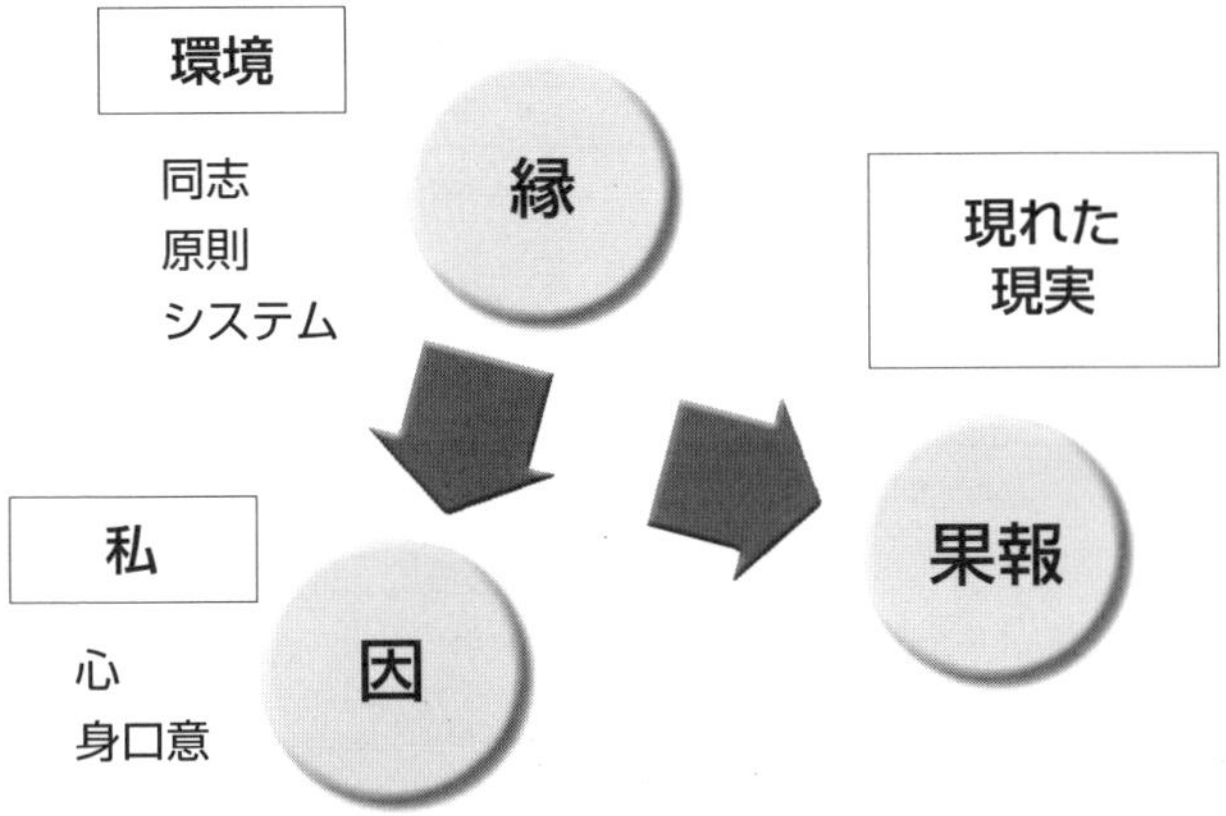

図表4-1　因縁果報

事態そのものや他人の行動に対してではなく、自分自身に対してであり、自分の内界に対してでした。

ならば、その問題に接している私たち自身にとって、主導権を奪回するための事態の捉え方があるということです。すなわち、自分に触れてくる、あらゆる事態の中心にまず自分を置いてみる。つまり、問題がそのままになっている状況や膠着《こうちゃく》している事態の「因」は自分であると考えるのです。

先の問題で言えば、まず、子どもや仕事の問題が生じているという事態を「果報」に置き、その「因」に自分を置くことができるということです。

「子どもたちが言うことを聞かないから」「夫が何も聞いてくれなくて……」「部下が駄目な奴《やつ》ばかりで……」というような愚痴《ぐち》をとどめ、この事態に立ち会い、接しているのは紛《まぎ》れもなく自分であり、この自分が背負うのだと覚悟すること。事態を自分に引き寄せて問題となった事態は「因」としての自分から生まれている「果報」であると受けとめるのです。その受けとめ方によって、事態はまったく異なる光を放つことになるのです。

そのときの「縁」とは「同志、原則、システム」という言葉で表されるものです。「同志」とは家庭で言えば夫や妻、両親や兄弟であり、「原則」とは家庭の風土、そこに流れている価値観やルール。「システム」とは夫と妻、また子どもたちとの間につくられてきた仕組みであり、それは例えば役割の分担などがそれです。会社の場合で言えば、同僚や部下、上司は「同志」であり、職場の風土、そこに暗黙《あんもく》のうちに了解《りょうかい》されている約束事、ルールが「原則」、そして仕事を進める体制やフロー（流れ）が「システム」です。

因縁果報の原則――。私たちは、「果報」である問題や事態をいきなり変えることはできません。そこに直接手を触れることができない場合がほとんどです。ましてやその問題や事態を左から右へ変えることなどできません。私たちにできるのは、まず、その事態に接している自分が「因」としての基軸《きじく》を確かにして、その「因」を変革すること。そしてその上で、「縁」に当たる同志との関わりや原則、システムを改善すること。この歩みを通じて、必ず、どうにもならなかった「果報」――問題の事態そのものに変化が現れてくるのです。

ぜひ、あなたの心を占めている問題、抱えている困惑《こんわく》に対して、自分自身を「因」として向かい合っていただきたいと思います。あなたが事態の「因」として立ち上がるとき、あなたは見失ってきた主導権を取り戻すことができます。いかなる困難であろうと、いかなる難問であろうとその事態を困惑の次元から希望の次元へと運んでゆく、主体的な責任を確立することができるのです。

ここから具体的に始めよう

私たちもいよいよ主導権を奪回し、自らが事態の「因」になって、「私が変わります」の受発色革命を起こしてゆく時を迎えています。では、どこから、何から私たちの意志をもって主導権を奪回し、「私が変わります」という新しい現実を生きてゆくか——。そのための何よりもの具体的な機会は、「困惑」——私たちにとって望ましくない状況、敬遠《けいえん》したくなる現実が立ち現れたときであると思うのです。

前半にも取り上げた「世界からのNo《ノー》」という言葉がそれを適切に表しています。世界からのNoとは、字義の通り、世界から私たちに向かって投げかけられるNoの現実です。①うまく進まない事態、②予期せぬ妨害、③伝わらないコミュニケーション、④なかなか超えられないハードル、⑤計画の停止、失敗等々ですが、それが、私たちの受発色革命の切実なきっかけになるということです。

なぜなら、世界からのNoによって、私たちはそれまでと同じ生き方をすることを阻《はば》まれるからです。世界からのNoによって、私たちは同じやり方をすることができなくなり、同じ道を辿《たど》ることができなくなります。あるいは、止まらなければならなかったり、もっとよく考えなければならなかったりと「変わる」ことを余儀《よぎ》なくされる。新しい生き方、新しいやり方、新しい道を選ぶことを促《うなが》されるのです。

けれどもまた、世界からNoが返ってくるとき、誰でも圧迫感を覚え、時には一切の終焉《しゅうえん》であるとさえ思ってしまうのではないでしょうか。私たちは本当に世界からのNoが嫌いです。Noが現れるや否《いな》や落胆《らくたん》して落ち込んでしまったり、Noが来ても無視してしまったりします。あるいは、Noが返ってきても歪曲《わいきょく》してYes《イエス》の徴《しるし》にしてしまう……。身に覚えのある方は少なくはないのではないでしょうか。誰もがNoの出現をそれほど恐れ、嫌い、憎んでいるということです。

人間はNoが嫌い――N線事件

実際、人間はいかにNoを嫌ってきたのか――。

その事例を示す歴史的な事件はいくつもあるように思います。例えば、この上ない正確さと客観性を極める科学の世界にも、実はNoを受けとめることができない顕著《けんちょ》な受発色がはたらくことがあります。今から百年ほど前にその一つの事件が起こりました。

読者はX《エックス》線をご存じでしょう。一八九五年レントゲンによって発見された放射線の一種で、医療の現場で胸部や消化器や骨などを撮影するために使用されている重要なはたらきを持つものです。

では、N線についてはどうでしょうか。そのような言葉に聞き覚えはないでしょうか。ちょうどX線が発見されたのと同じ時代、フランスのブロンロ（一八四九〜一九三〇）という物理学者が新しい放射線を発見したということで、世界中が大騒ぎになったのです。科学者の故郷がフランスのナンシー地方であったことから、この放射線の名称はナンシー線、つまりN線と命名されました。

著名な科学誌に発見の事実が報告され、医療的利用など、N線を用いた多くの実践的応用が計画されました。ヨーロッパの研究所では至るところで、この新しい放射線の命名式まで大々的に行われました。

ところが、アメリカ人のウッドという研究者が、このN線の発見について、疑問を持ったのです。ウッドは論文に書かれている内容を信じ切れずに、ブロンロの研究室まで駆けつけてその疑問を投げかけました。

しかし、ブロンロは自信に満ち溢れていました。この訪問者に対して、N線が発生するというアルミニウムのプリズムを機械にセットし、スクリーンに投影されるN線の痕跡《こんせき》を

ルネ=プロスペル・ブロンロ（1849〜1930）

誇らしげに見せました。

ウッドには、スクリーンに映し出されているものがどうしてもN線発生の痕跡には見えません。これではN線が存在することの証拠にはならないと、自分で機械を操作しながら実験を行って、ブロンロを一生懸命説得《せっとく》しました。

つまり、ブロンロ側に立ってみれば、このN線に関して何度かNoが突きつけられたわけです。しかし、ブロンロはそのNoを決して受けとめようとはしませんでした。最終的には、科学的研究であるはずなのに、目がよいか悪いかという話になってしまい、「あなたは目が悪いから見えないのだ」とブロンロが言い出す始末でした。

ついにウッドは、その機械から、発生源のアルミニウムのプリズムを誰にも内緒で外して実験をします。つまり、もうそこにはN線を発生させるものは何もないはずです。けれどもブロンロは、スクリーンに映し出された光の影を、N線の証拠として、「ここにあるではないか」と語ったというのです。

実際には存在していないはずなのに、ブロンロにはあるとしか見えなかった――。

ブロンロはその後、大学教授の職を辞しましたが、一生N線の実験をし続けて亡くなりました。それも、N線の由来であるナンシーという故郷で――。

これは、科学史上の事件として残っている事実です。

一般に科学の世界では実験の結果は絶対とされます。けれどもその科学的実験の場面においてすら、人間の受発色のあり方がこれほど大きな影響を与えるということなのです。

もちろん、その背景にあった時代的状況を踏まえる必要もあるでしょう。ちょうど時代は第一次世界大戦前夜に当たり、ドイツとの関係の中でフランスが圧力を受けていた頃のことです。ましてや故郷の名前までつけてしまった――。だから、もう、引くに引けないという心境が、ブロンロの中にも生まれていたのかもしれません。

けれども確かなことは、人間の受発色の問題です。この歴史的な事実は、人間がいかに世界からのNoが嫌いであるのかという事実と、そのことによって引き起こされる多大な問題を私たちに教えているのです。

逆に言えば、Noを受けとめることができるということ自体が、受発色の変革に直接結びつくということです。

私たちの受発色の変革が起こるとき、それは世界からYesと言われたときではなく、実は、Noと言われたとき——。受発色革命が成就《じょうじゅ》するかどうかは、世界からのNoを、世界からの呼びかけとして受けとめられるかどうかにかかっていると言っても過言《かごん》ではないのです。

問題を吸い込むだけで変わる

世界からのNoを拒絶《きょぜつ》することなく受けとめること、目の前に現れた問題を歪曲《わいきょく》せずに吸い込むこと。「責任は私にある」「この事態に対して私は何ができるのか」と自分に問い続ける態度を示すだけで、実は事態が大きく転回してゆくということは珍《めずら》しいことではないのです。

何か問題が起こったとき、「なぜそのような問題が起こったのだろうか」と、その問題が起きた原因を明らかにし、解決に至る道すじを辿《たど》ろうとする前に、「これは私のせいじゃない」「別に大した問題じゃない」……と、自分の内界・精神世界と外界・現象世界とを瞬間的に切っていた態度から、決然《けつぜん》と、「問題に対して、私には責任がある」と受けとめ、「一体この出来事は私に何を呼びかけているのか」「出来事の本当の原因は何か」と自分自身に問いかけること。そうすると、切れていた外の現実と私たちの内界の間につながりが生まれ、事態が誰か他人の話でも遠い話でもなく、外の問題は、紛《まぎ》れもなく私たちの内側へ、精神世界へと入ってくるのです。

息子の不登校は私の責任だった

例えば、息子さんが突然「学校に行きたくない」と言い出し、部屋に閉じこもったまま、一歩も外へ出なくなってしまった小林滋夫《しげお》さん（四十歳・会社員）の場合を考えてみましょう。なぜそのような事態が起こってしまったのか――。これまでの小林さんなら、「女房がもっとしっかりしないからだ」「担任の先生はまだ新卒の女性で頼りないから目が届かないのだろう」「今の学校教育はなっていない」……等々、次々に原因を考えてゆきますが、自分のことはそこから除外されていました。

そのような想いの連鎖を一旦《いったん》とどめて、小林さんは「息子の不登校は私の責任ではないか」と、まず事態の「因」となって、その責任を引き受けるところから始めました。そして、息子さんとの関わりを振り返ってゆきました。すると、「そう言えば、先日何か言いたそうな顔をしていたが、仕事のことで頭がいっぱいでそれどころじゃなかった……」と数日前の息子さんとの出会いが思い出されたのです。日頃から息子さんのことを気遣《きづか》ったり、相手にすることがなかったこと。そして子どもの教育に関してほとんど無関心で、奥様任せにしているのに、この事件を聞いたとき「お前の教育がなってないからだ！」と奥様を激しく罵倒《ばとう》していた自分……。「そうか、そうやっていつも私は他人《ひと》のせいにばかりしていた。そしてほとんど息子と会話を交わすこともなく、どこか後ろめたい想いもあったので、ますます息子のことは見ないようにしていた」……。これまでの息子さんとの関わりや、息子さんに対する気持ちを振り返ると、「ああ本当にこのことは、自分の責任だった」と、今まで見えなかったこの事件と自分との関わりが確かめられてきたのです。

このように自ら自身を見つめる上で、「止観《しかん》シート」は大変有効です。「止観シート」は、字義通り、絶えず動いている自らの心を「止《と》めて観《み》る」ための手がかりを与えてくれます。出来事に対して、刻一刻の「感じ・受けとめ・考え・行為」のプロセスを見つめる「止観シート」に取り組んでいるとき、まなざしは自らの内に向きます。問題が起こったとき――たとえそれが、どんなに理不尽で、一〇〇%責任は他の側にあるとどうしても思えてしまうような事態であったとしても――その問題をどう受けとめ、そこでどのような受発色の歪《ひず》みを自分が起こそうとしているのかを、見続けることになるからです。

次に見るべきは、「縁」の問題でした。小林さんが「因」としてこの事態を引き受ける上で、息子さんと直接的に関わりを持ち、しかも一番の「同志」になって本来二人三脚で一緒に関わってほしいのは奥様です。にもかかわらず、「お前のせいでこうなった」と小林さんが責めるために、奥様は萎縮《いしゅく》してしまい、自信を失ってどう息子さんに関わっていったらいいのか途方《とほう》に暮れている状況でした。また、担任の先生とは一度も出会ったことはなく、新任であるということ以外にはどんな人かも知らなかったそうです。

さて「縁」の問題で、もう一つ大切な視点は、見えない暗黙の前提、場のルールになっている「原則」です。例えば小林さんの場合、「子どもの教育は妻のすべきことで、自分は家族が路頭《ろとう》に迷うことのないように、仕事にだけ精を出せばいい」といった暗黙《あんもく》の前提、ルールが家庭内に流れていたことに気づいてゆきました。

さらに、家庭を支える「システム（仕組み）」のことも念頭《ねんとう》に置く必要があるでしょう。例えば、年に一度くらいは、家族が一つになって旅行をするとか、月に一度は、外食の機会を持ったり、家族水入らずのだんらんの時を持つといった仕組みがないことが、家族の絆を薄《うす》くしてしまっているということもあるのです。

「Noを受けとめること」「問題を吸い込むこと」――それが問題解決への要《かなめ》であることを、くれぐれも心に置いていただきたいと思います。そのことによって自分と世界の間につながりが生まれる。精神と現象が一つになるからです。そしてそこに、「新しい力」がはたらきます。

「今回の出来事は、そのままの生き方ではもう駄目だよ、と息子が身をもって教えてくれたようなものです。私の生き方に、ストップをかけてくれたこの事件は、私にとってまさに呼びかけでした」、そう小林さんは語ります。

小林さんは、「自分がすべて引き受けよう」と決心したその日から、息子さんとの関わり方、そして奥様との関わり方がガラリと変わったそうです。息子さんには毎日必ず、たとえ一言でも声をかけ、その日感じたことを聞き、自分の側からも心を開いて話すようにしました。また、奥様とは常に連絡を取って息子さんのことを語り合い、週に一度は家族全体で話し合いの時を持つようになったと言います。また、今まで会ったこともなかった担任の先生にもご相談に行き、学校の在り方を云々《うんぬん》するのではなく、親として責任を果たしたいという姿勢で関わってゆきました。

このような感じ方、事態の受けとめ方、そして関わり方の変化によって、小林さんの人生はもちろんのこと、息子さんをはじめ、家族のこれからの人生までがまったく違ったものになってゆくでしょう。何よりもそのことを深く実感されたのは、小林さん自身にほかならなかったのです。

Noを吸い込んだとき、問題解決の道が

首都圏でレーザー機器等の輸入販売に携《たずさ》わる会社を経営されている内藤敏夫さん（五十二歳）にとっても、「世界からのNo」を受けとめること、「困《こん》」（困惑の現実）を吸い込むことは大きな転換をもたらしてくれました。

内藤さんは、ＴＬ《トータルライフ》経営を実践するグループのメンバーです。ＴＬ《トータルライフ》人間学に基づく、経営・医療・教育[*11]の分野を中心としたシリーズセミナー[*12]が開催された折、そこで仲間のＫさんの実践報告を聞いて、大変な衝撃を受けました。Ｋさんの実践報告は「聞く、吸い込む、変わる」（「聞く」とは他の意見や考えによく耳を傾けること。そして問題を自分が「因」となって「吸い込み」、自分が「変わる」こと）という実践でいかに大きな転換が起こったかというものだったのですが、「困」を吸い込むとはここまですることなのかと自分の実践の甘さを痛感しました。

現在自分の会社は切迫《せっぱく》した大きな問題はないけれども、果たしてこのままでよいのだろうか、と思っていた矢先《やさき》のことでした。というのも、例えば社内で高い目標を提示しても今ひとつ士気《しき》が盛り上がらない、志を分かち合えない、自律してくれない、指示待ちにな

っている……と感じていただけに、自分もぜひこの「聞く、吸い込む、変わる」を実践したいと思ったのです。

そして改めて会社の実情を見つめると、営業部門は元気があるが、その他の部門は元気がないことが気にかかりました。そればかりでなく、元気のある営業部門にも気になることがありました。会社の仕入れ先は一社に偏《かたよ》っていたのですが、この会社には正式な日本支社があり、いつこの友好的な関係が絶たれるか分からないという不安定要素を抱えていたのです。

快・暴流、苦・暴流の内藤さんは、思い立ったが吉日《きちじつ》で、社員を前にして、「わが社をよくするために、とにかく自分は『聞く、吸い込む、変わる』で会社を変えてゆきたい。その因として自分は取り組みます」と、宣言しました。そしてそのために、「皆が思っていること、私の足りないところがあるならば何でも言ってほしい」と話しました。

ところが、そのように宣言したものの、社員からは何の声も聞こえてきませんでした。そこで「自分の気持ちは本当だ。とにかく会社をよくするために自分は変わりたい。足りない点があればどんな些細《ささい》なことでもいいから出してほしい」と念押《ねんお》しをしたのです。

とにかく出してほしいという内藤さんの強い意向を受けて、社員の側も、朝のミーティングで話し合って、その内容を提出することになりました。でも内藤さんは「その場に社長は来ないで下さい」と言われてしまったのです。内藤さんはその瞬間、ムッときましたが、奥歯を嚙《か》みしめて「聞く、吸い込む、変わるんだ」と自分に言い聞かせ、「分かった」と答えたのです。しかし「ただ無記名では無責任になるから駄目だ」と条件を出しました。すると「それでは必ず社長は説得に来るから怖くてできない」ということになり、内藤さんは渋々《しぶしぶ》無記名にすることに同意したのでした。

その結果は、予想を超えて厳しいものでした。何と六十五項目もの意見が出てきたのです。内藤さんはそれを見て、頭に血が上りました。自分が最も言われたくないことばかりがそこにあったからです。「社長の話が長い。長話で全体が疲弊《ひへい》している。……」。それを読んだ内藤さんは「どうしてここまで言われなければならないのか。調子に乗るのもいい加減にしろ」と、爆発寸前でした。

けれども内藤さんはここでも「聞く、吸い込む、変わる」と心で唱《とな》えて必死に忍耐しました。

しかし、何よりも内藤さんが許し難いと感じたのは、この六十五項目の意見書を持ってきたのが、会社創設から一緒に協力してやってきたはずの営業部長だったことでした。「彼は自分と一緒にやってきた間柄ではないか。もし、自分に足りない点があるとしたら、彼だって同罪だ。それなのに向こう側に回るなんて……」。苦・暴流＝「被害者」ゆえの煮《に》えたぎるような怒りです。

しかし、実は内藤さんの中にはもう一つの想いがありました。二人で一緒につくってきたという想いと、「俺一人でやってきた」という想い。失敗や問題などのマイナスは二人に責任があるが、創造や発展などのプラスの面は「自分一人で」やってきた――。このとき、内藤さんに意識できるのは前者の想いだけでした。六十五項目のことを考えるだけでその怒りをどうすることもできず、あまりの苦しさのため、内藤さんは『祈りのみち』に向かいました。

激しい怒り、納得ゆかない気持ちを抱えた苦しい葛藤《かっとう》の時間を過ごす中で、内藤さんは一つの言葉に出会ったと言われます。

「比較、競争にとらわれるとき」の中の「本当に大切にすべきものが見えなくなっているのではないでしょうか。かけがえのないあなた自身を見失っているのではないでしょうか」という言葉です。

それまでに何度も読んできた言葉でしたが、このときは違っていました。内藤さんは、人生の成り立ちの中で絶対に確保しなければならないと思ってきた自己有用性がバラバラになりそうな事態を前にしていました。有用だからこそ、認められ、尊敬もされる。そうでなければ、自分の人生は駄目になってしまう――。そのとき、同時に自分の中から響いてきた声がありました。それは幼い頃からずっと聞いてきた母親の声でした。

内藤さんは幼い頃から母親が大好きでした。そして愛しく思わずにはいられない事情というものがありました。実は、母親は正妻の立場にはなく、日蔭《ひかげ》の身に甘んじなければならなかったのです。父親が離婚した後は正妻の座につける約束だったのですが、離婚の後は別の方がその座についてしまい、母親は生涯、正妻になることはなかったのです。

そして、苦労に苦労を重ねて、内藤さんを育てるために働き続けてくれました。その間、例えば、学校給食の仕事に就いた折なども突然仲間から辞めるように言われ、理不尽な仕打ちを受けたことなど、そうした辛く悲しい想いを繰り返し味わうことになりました。母親の人生をずっと見てきた内藤さんは、世間に対する不信感を強めずにはいられなかった——。その母親が、いつも内藤さんに語っていたのが「お前は人を使う人間になりなさい。そうじゃなきゃ駄目よ。でなければ誰もお前を大切にしてはくれない」という言葉だったのです。

母親のことで、父親は約束を守ってくれなかった。けれどもそれだけではない苦い思い出が父親に対してありました。

内藤さんは幼い頃から父親とは時々連絡を取っていました。工場を経営していた父親と一緒にいることが誇らしく、父親を手伝いたいという想いを持っていた内藤さんでした。あるとき父親から鰻《うなぎ》を買ってくるよう頼まれ、喜び勇んで出かけたのですが、途中でそのお金を落としてしまい、内藤さんはうろたえ、動揺しました。思い切ってそれを父親に話したとき、嘘《うそ》をついていると咎《とが》められ、ついに信じてもらえなかったのです。「人も世界も信じられない」。その想いが深く深く刻まれた出来事でした。

社員から提出されたNoの意見をきっかけとして自分自身を振り返っていった内藤さんは、心の中に根づいてしまった人間不信、世界不信の源を見つめていました。

そして、「あっ」と思ったのです。不信感――。この想いで自分は生きてきた。「ちょっと待て」と自分に語りかけました。

会社の営業部長のことを許せないと思っている自分がいる。けれどもそれは部長ではなくて別の誰かでも同じではないか。部長が課長に変わっても、まったく新しい誰かでも、結局この「信じられない」という想いがあって、不信感を持ち続けるに違いない。

これまでは、問題があれば一方的に外や相手が問題だった。けれどもそうではなかった。外にある問題と私の関係は五割ずつ。自分にも少なくとも半分の責任があったのだ。その半分の責任を担う「因」としての自分が変われば、必ず事態は変わる。「因」がすべてとはこういうことなのだ。――内藤さんはこの瞬間、自分の心の「因」ということがはっきりと見えました。今まで、目に見えている現実がポジ（図《ず》）で、心がネガ（地《じ》）だったのが、そうではなかった。自分の内側、心がポジでこれがすべてに作用を与えていたのだ。ポジとネガの構造が完全に逆転してしまいました。

まさにそれは内藤さんが主導権を奪回した瞬間だったのです。内藤さんにとってそれは決定的なことでした。「因」は自分にあることを発見することによって、大きな転換をここで果たすことになったわけです。

会社の方たちとの関係もそのベースが大きく変わってゆきました。「優位」「支配」の関係から、信じて任せようという気持ちになっていったのです。社員に対しても、営業部長に対しても、関わり方が変化してゆきました。

そしてそのとき、会社に対する見方も変わりました。「自信家」の受信の「歪曲《わいきょく》」にストップがかかり始めたのです。先に述べましたが、内藤さんは、営業部門は元気があっても、他の部門は元気がないと思い込んできました。しかしよく振り返ってみると、実は会社が大きな信頼を得ているのは、製品の故障を修理する技術部門の水準の高さであることが分かってきたのです。精密機械であるレーザー機器には故障が少なからず生じます。それを調整できなければ製品に対する信頼が失われてしまうのです。つまり、その水準があるからこそ、営業ができるということだったのです。

「因」としての社長の見方が変わることによって、「縁」である同志・原則・システムの変革が促され、会社全体が活性化してきたことは言うまでもありません。その一切が内藤さんの「聞く、吸い込む、変わる」一歩一歩によって、導かれた現実でした。

現状を書き出すだけで変わってしまう

都内の公立保育園で長年園長をされてきた新川加津子さん（六十一歳）の場合は、少し状況が違います。何か出来事として問題が生じたとか、それとはっきり分かる形で「世界からのNo」がやって来たというわけではありませんでした。

新川さんも、TL《トータルライフ》人間学をベースとしたTL《トータルライフ》教育開墾[*11]のメンバーとして、教育実践のグループの中で学んでいる方です。新川さんはそのメンバーとして、共通の課題である「因縁果報ウイズダム」に取り組むことになります。「因縁果報ウイズダム」とは、現れた現実の問題を「果報」として捉え、その果報を生み出した「因」としての自らの受発色、そして「縁」としての同志・原則・システムを意識化し、さらにその「因」と「縁」を転換することによって、問題を解決し、新たな現実を生み出してゆく具現のメソッドのことを言います。

現状を捉えること一つとっても、受発色の歪みを抱えるならば、困難を極めます。「自信家」は歪曲して事実を捉え、「幸福者」はあまりにも鈍感に楽観的に物事を捉えます。新川さんは、歪んだ捉え方を砕き、真実にアクセスするために用意された「因縁果報ウイズダム指南」[*13]というガイドに従って、保育園の現状を一つ一つ書き出していったのです。

新川さんの回路は、快・衰退の「幸福者」です。

新川さんは、大変に立派な両親の下に育ちました。父親は苦労の多い中で、学校のPTAの会長、商店会の会長、そして県人会の役員など、地域において場を束《たば》ねるような重要な役割をいくつも務《つと》めた方でした。子どもたちのためには野球部の創設に尽力《じんりょく》したり、これからは音楽的な感性が大切になると言ってグランドピアノの購入を学校に働きかけたり、商店会のことでは、オリンピックの時期に立ち退《の》き問題が生じたときも先頭に立って、毎日遅くまでその調整のためにお世話をしました。人情味豊かで、周囲からとても信頼された方でした。

また、母親も気丈《きじょう》でしっかり者の方でした。戦後空襲で焼け野原になった後に、せんべいの工場をつくりそれをやりくりしたのは母親でした。母親の頑張りがなければ、一家はどうなっていたかと思われるほどでした。黙々《もくもく》と働き、「他人《ひと》の身になって」という言葉が口癖になっていたように、周囲の人たちのことを思い遣《や》るような方でした。

新川さんはそうした両親の庇護《ひご》の下で、両親に受け入れられること、認められることを求めるようになりました。そしていつの間にか、「いい子でいれば大丈夫」という信条を持つようになっていたのです。

　それは園長として責任ある立場に就いても実は通奏低音《つうそうていおん》のように心の中で鳴り響いていたのです。キャリアもあり、物事に理解のある園長。そして社会人としても立派に事を成し上げている園長。心の底で自分のことをそう思ってきました。私はあの両親を見て育ったし、それなりに山あり谷ありの人生で本当に苦労してきた。大変な保育園もずっとお世話し続けてきた――。そういう気持ちでいたのです。

　しかし、新川さんは、教育開墾のメンバーとして学ぶ中で徐々に気づいてゆきました。そうではなかった。生い立ちの中で、守られ、いい子であることが自分の関心事になってしまっていた。けれども、保育園の園長として本来自分がしなければならないことがあった。それはまず、園児たちが元気であるようにすること。そのご両親が元気になって下さること。そして一緒に仕事をする保母さんや、主任さんや皆さんが本当に元気になって下さること……。その子どもたちの元気、お母さんたちの元気、保母さんたちの元気、これらが全部相《あい》まって実は本当によい園長であると言えるのですが、新川さんは何となく現状に満足していたことに気づいたのです。

そのような中で、新川さんは保育園を巡る現状百項目を書き出そうと取り組み始めました。内と外全部の現状をあるだけ書き出しました。そしてその過程で新川さんにはたくさんの発見がありました。自分は保育園のことをきちんとしようと思ってきたのに、実は最も大切なはずの子どもたちの現実をよく見ていなかった。保母さんをはじめとする職員のことや親御さんたちのこと、経営に関わる様々な出来事や要請が次から次に投げかけられ、それに応えることで精いっぱいになっていた。――そうした自分に気づいたのです。

公営の保育園、お役所に対する気遣いをはじめ、新川さんにとって一番リアリティのあることは親御さんたちの不満であり、そして保母さんたちのニヒリズムであり、同時に職員間の不和の問題でした。つまりその関係の中で、私はベテランで物分かりのよい園長で、これだけ大変なのに私はやっている――。それが百項目を挙げる中で見えてきた自分の姿だったのです。それは自己満足でしかなかったと新川さんは改めて感じました。

新川さんの偽我の人格、受発色の回路である快・衰退＝「幸福者」の課題は、苦痛に対する弱さ、目の前の苦痛をすぐに取り除いて安心したいという傾きです。そして、事態に対する鈍感さと曖昧な発信。依存と契約的な関わり……。

自分が一生懸命に取り組んできたつもりだったことも、実はこの偽我の人格のままだったことを認めないわけにはゆかなかったのです。

新川さんは、快・衰退の受発色を克服《こくふく》するために、まず「回帰の行」に取り組むことにしました。回帰の行とは、その時々に自分の内側に回帰して大切なものを見極めるということです。新川さんは、『祈りのみち』の中の、「創造のために」の冒頭にある「真我との交流のために」の部分を幾度も読み返し、向かい合うことにしました。

「この出会いにはどんな意味があるのだろうか。

この出来事、この事態は私に何を呼びかけているのだろうか。

何に気づけ、何をせよと言っているのだろうか。

過去からの要請は何だろう。

足りないものは何だろう。

修正すべきこと、再結すべきことはないだろうか。

未来からの呼びかけは何だろう。……」

この問いかけに向かい合う中で、新川さんの心と現実の間にあった壁が少しずつ取り払われてゆきました。本当に自分が向き合うべき現実を見せてほしいという切実な想い。自分のためではなく、未来のため、園児たちのために生きたい。そしてそこに関わる保母さんや主任のためにと、心に念じました。それが「現実に起こることはすべて自分に引き寄せる。もう他人《ひと》のせいにはできない。問題を外に置くのはやめよう。私自身に関わることなのだ」と受けとめることにつながっていったのです。

するとどうでしょうか。職員の方たちが本当の同志になってゆきました。保母さんたちが園児たちのことを書いている八冊のノートにも、新川さんは目を通すようになっていました。一緒に昼食をとりながら、話し合うようにもなってゆきました。初めはとにかく保育園の現状をつぶさに見つめてみよう、現状を書き出してみようということで始まったわけですが、いつの間にか、それだけで園内の様子が大きく変わってしまったのです。

保育園という場所に交差する人々――。子どもたちも保育園に来ているのは一日数時間かもしれないけれど、その背景にはそれぞれの家庭の問題がある――。そうした一人ひとりに心を尽くして関わることを覚悟する。半身《はんみ》でなくて正面から受けとめる。そのことに思い至り、覚悟がついたとき、職員の方たちも、子どもたちも皆それを待っていたかのように、一緒に変わってくれた――。そうとしか考えられないと新川さんは感じています。

普通なら、現状を書き出して、それからその一つ一つに対して、取り組みを続けて変わってゆくのに、現状を出しただけで変わってしまったと新川さんは驚いているのです。

新川さんはこうした歩みの中で、人間の内には本当に力を持った魂が息づいていることを実感しました。そして、これまでの自分の歩みを振り返ったとき、心の中に切々と湧《わ》き上がる想いがありました。それは中小企業の経営者のために身を粉《こ》にして走り回って身体を壊《こわ》し亡くなった主人と、もっと深く心を通わせたかったこと。地域のため、周囲の人たちのために尽くしながら、晩年は糸が切れたように元気のなかった父親の心の声を聞けなかったこと。そして主人にも父親にも母親にも、人間同士として本当の関わりができなかったこと……。今のこの想いならば、もっと違う関わりができるのに——。

後悔が募《つの》れば募るほど、今新川さんが抱いている一人ひとりとの関わりが切なるものに思えてならないのです。

生き方の慣性力《かんせいりょく》を砕く

新しい生き方、人間の内なる力を発揮してゆきたい——。その願いを持っても、その生き方は、水が高きから低きに流れるように、ごく自然に始められるものとは限りません。それには確かな意志が不可欠です。そして、「私が変わります」を生きたいと思っても、なかなかそうは生きられないというのが現実かもしれません。それは、これまでの生き方の慣性力が強くはたらいているという徴《しるし》です。

慣性力とは、運動している物体にはたらいている力。外から力を加えなければ、物体はそれまでの運動をし続けてしまうということです。

それとまったく同じ力が、私たち人間にもはたらいているということです。誰もが過去を背負っています。人生を十年、二十年、三十年、四十年、五十年……と、生きてきているということは、「自分なりの生き方」という慣性力が大いにはたらいていると受けとめるべきでしょう。

つまり、新しい生き方は、その慣性力を破ってゆかなければ、確固《かっこ》たるものとして現れることはないのです。新しい生き方は、旧来の生き方と闘い、その慣性力を打ち砕く中から、「新しい力」として生まれてくるのです。

エピローグ

新たな荒野《こうや》を生きるために

本書が提案する「私が変わります。その私が世界と新しい関係を結びます」という生き方、そしてその生き方によって引き出される人間の力は、これからの時代を生き抜くために必須《ひっす》のものであると私は感じています。

なぜなら、私たちは今、かつてない社会の揺らぎを経験しているからです。相次ぐ企業の倒産、不良債権の問題をはじめとする経済的試練。あるいは「なぜ、こんなことで」と嘆かざるを得ない、ささいな経緯《いきさつ》や理由での殺人・殺傷《さっしょう》事件が示す人倫《じんりん》の荒廃《こうはい》など、見える形、見えない形で、私たちの周囲には多くの限界感が蔓延《まんえん》しているのです。いいえ、それればかりではありません。

今現れている問題の本質は、現象としての厳しさだけではなく、私たちの生き方を支えてきた基本的な約束が崩壊《ほうかい》し始めているというものです。

例えば、会社に忠誠を尽くすという生き方が時代遅れと言われても、「誠意をもって生きてゆく」という感覚は私たちの社会を支えてきたものです。その感覚が、会社に尽くしてもいつリストラに遭《あ》うか分からない不安の中で深く脅《おびや》かされているのではないでしょうか。「いろいろと問題があっても社会とは確かなものであり、壊れることはない」という安心感すら、不良債権処理を巡る事態の不透明さなどによって大きく揺らいでいます。あるいは、社会正義を支えてきた人間に対する自然な共感——。たび重なる電車内での暴行事件は、それに対する躊躇《ちゅうちょ》を一人ひとりに感じさせてしまいました。社会の未来を若者たちに託すという当然の感覚。それも世代間のギャップ・意思疎通《そつう》の困難さによって、叶《かな》えられない希望のように受けとめられているのです。

私たちが目にしているのは、時代の変遷《へんせん》だけではありません。人間が長い時をかけて築き上げてきたものが崩《くず》れかけているということです。努力すれば報われ、話し合えば理解でき、規則を守れば守られ、正しいことは最終的に認められるというのは、自明のことなどではなく理想でしかない……。私たちが生きているのは安定した約束事の世界だけではなく、一切を無に帰してしまう荒々しい力が渦巻く世界なのです。

それは一切の約束事を反故《ほご》にしてしまうような、無秩序な荒野——。

それが誰の目にもおぼろげながら見えてきたというのが、私たちが身を置く世界の姿なのではないでしょうか。そうした荒々しい世界の中で、私たちは有形無形、意識無意識の限界感に取り囲まれているのです。

そしてまさに、その荒野を生き抜くために、今私たちは「新しい力」を必要としています。否《いな》、過酷《かこく》な荒野だからこそ、その中からいまだかつてなかった世界の可能性を開花させるために、私たちは「新しい力」を求めなければならないと思うのです。

ビッグクロスの次元に根ざす

どんなに世界が荒々しくても、理不尽《りふじん》でも、私たちは、「私が変わります」と宣言することができる——。そのような剝《む》き出しの世界に対して、私たちは不信感を徒《いたずら》に募《つの》らせるのではなく、大きな意味で、そのような世界そのものを受け入れ、信頼し、たくましく生きてゆくことができます。

けれども、そのように強く断言できるのはなぜなのでしょうか。それは、いかに世界が移り変わろうと、揺れ動こうと、崩壊しようと、私たちは、決して壊れず、不動で、私たち自身を存在の根底から支えている、ビッグクロスという絆の次元に根ざしているからなのです。

ビッグクロスとは、二重の絆——。第一の絆は「大いなる存在との絆」。私たち以前からもうすでにあり、私たちが死んで以降もあり続けるもの。ある意味で言葉には尽くすことのできないもの。そうした存在を私たちは「神」と呼んできたわけですが、その、一人ひとりを超える存在・大いなる存在との分かち難いつながり、絆が私たちの中には確かにあるということ。そして第二の絆とは、「永遠の絆」。第一章にも述べたように、私たちはそれぞれの一回生起《いっかいせいき》の人生を生きていますが、同時にその人生を超える時を生きている——。永遠の生命として時を超える「永遠の絆」です。

この二つの絆は、決して揺るがないもの、決して壊れず、決して失われず、決して衰《おとろ》えることのないものです。だからこそ、私たちを支えるベース（基本）となり得るのです。

このように言うと、読者の中にはそんな絆など、自分とは縁遠いものだと感じられる方もあるかもしれません。大いなる存在との絆など実感したことはない、ましてや永遠の絆など考えたこともないと……。

しかし、そうではないのです。

私たちは誰もが、日常の生活の中で、意識することなく呼吸をし、心臓が鼓動《こどう》をして生きています。その一回の呼吸も鼓動も、見えざる大いなる存在の支えなくしてはあり得ないものです。そのように、私たちは日頃の生活の中でも、大いなる存在のかけらをそれと意識することなく経験しているのです。

例えば、私たちが都会の雑踏《ざっとう》を離れて、自然の懐《ふところ》に還《かえ》り、帳《とばり》の降りた夜空を見上げるとき、そこに無数の星々の光を目にして畏《おそ》れの感情を抱くことがあります。あるいは未明の混沌《こんとん》とした暗闇が次第に白んできて、地平線の空が赤く燃え出し、やがてついに曙光《しょこう》が差し込んでくる瞬間、言葉にならない衝撃を受けるでしょう。それもまた私たちが自らを超える何かを直感している時なのではないでしょうか。

そして時に、歴史の風雪に耐えた建築物の構内に一歩足を踏み入れたとき、その空間が経験してきた、人間の営みの一切と遥《はる》かな歴史の時が流れ込んできて、感嘆の声を洩《も》らさずにはいられないこともあります。あるいはまた、魂の芸術である音楽を通じて、例えば合唱や合奏のハーモニーの中でいまだ経験したことのない自他一如《じたいちにょ》の内的な経験に導かれて感動するといったことも珍しいことではないかもしれません。それらもまた大いなる存在のかけらを感じている徴《しるし》でしょう。

「永遠の絆」ということについても同様です。

例えば、夜空に満天の星を眺めるとき、私たちはそこに言葉にはならない崇高《すうこう》な感情と時を超える永遠のかけらを感じているように思います。そこには太陽系の星々もあれば、遥か彼方、何万光年も離れた星の光もあります。私たちが眺めている時は現在でも、その一つ一つの光は今輝いている光ではありません。数分前に発された光、数年前に発された光、さらには何百年も前に放たれた光、あるいは何千年前、何万年前に旅立った光が今私たちのところに同時に届いている――。その様々な光を一瞬にして眺めている不思議は、時を超える永遠に触れる感慨を私たちにもたらしてくれます。

そしてまた、私たちが人生の途上で出会うことになる切ない別れの時。自分の親しかった友人や慕《した》っていた家族、伴侶《はんりょ》との死別に際して、その存在が一瞬にして無に帰《き》してしまうとは思えない。目には見えなくても、手には触れ得なくても、どこかにその人の気配を感じてしまう。その人の魂が生き続けていることを感じてしまう。それも永遠の絆の実感です。

それらはいずれもが私たちの日常に顔を出した「世界の深淵《しんえん》」の端的な現れなのです。すなわち、大いなる存在も、永遠も私たちの生きる現実とともにあるということです。それらは私たちの存在と切り離されているものではありません。私たち人間にとって、生きるための基《もとい》に常にあり続けてきたものです。

私たちに必要なことはそのビッグクロスとの絆を思い出すこと。ビッグクロスとの再結——再び結び直すこと——。それが今ほど求められ、必要とされているときはないのです。たとえ今それを見失っていたとしても、私たち人間は、もともとこの二つの絆を内に秘めた存在です。

そして、その絆を確かに抱くからこそ、私たちは、新しい生き方に向かって、自らを砕き、自らを開くことができるのです。「私が変わります。その私が世界と新しい関係を結びます」と宣言し、その宣言を真に体現し生きる者となることができるのです。

否《いな》、私たちが「私が変わります」を生きるほどに、実は、私たちは宇宙に流れる指導原理に近づき、ビッグクロスとの絆をより確かにしてゆくのです。それはとりもなおさず私たち人間に分有された宇宙の意志と宇宙を創った創造の力を、私たちが十全に発揮することにほかなりません。

宇宙は、そのような人間の誕生をどれほど待っていたことでしょう。この新しい生き方、「新しい力」をもって果たしてゆく人間復興——。さらに、人々との関わりを変革し、場を変革して果たしてゆく世界復興こそ、本当の意味で、私たちに托された人間の使命なのです。

《付録》自己診断チャート——あなたの「偽我《ぎが》の人格」を知るために

私たちは、どの偽我の人格を持っているのでしょうか。本文を読まれた読者は、日頃の自らの受発色《じゅはっしき》を顧《かえり》みながら、おおよその見当がついたという方も少なくないでしょう。一方で、どのゾーンもすべて当てはまってしまうという人、あるいは、なかなか自分に当てはまる偽我の回路が見つからないという人もいるかもしれません。いずれにしても、自分の内に、「四つの偽我」のいずれの傾向が存在しているのか、その自ら自身の受発色の傾向を的確に摑《つか》むことは、大変重要です。そのための手がかりとして、次の自己診断チャートに取り組んでみて下さい。

まず、以下の項目の中から、自分によく当てはまると思う項目をチェックして下さい。

①人から苦言《くげん》を呈《てい》され、それが理不尽であると感じると、怒ったり、開き直ったりする癖がある。

②自分の人生は「それなりのものである」と胸を張れる。

③何かあると、すぐに落ち込んでしまう。
④問題がないことが重要であり、無風であることが平和である。
⑤自分の人生を振り返ると、失意の念に苛《さいな》まれる。
⑥自分がやりたいようにやりたい。
⑦父や母に対して許せない想いがある。
⑧自分の人生を振り返って、「とりあえず平和な人生だった」と思う。
⑨自分は「やり手」であると思う。
⑩人から「ボーッとしている」と言われることがある。
⑪すぐに理不尽な気持ち（被害者意識）に襲われる。
⑫「人から何か言われるのではないか」といつもびくびくしている。
⑬「自分は温厚な性格である」と思っている。
⑭失敗することが怖いので、逃げてしまうことが多い。
⑮自分の立場が上がったり、世間に認められたりすることに、強い手応えと充実を感じてきた。

⑯「どうせ人間には表と裏がある」という気持ちが強い。
⑰人から「怖い」とよく言われる。
⑱「自分にさせてくれればもっとできるのに」とよく思う。
⑲「一生懸命ならばできないことも仕方がない」と思う。
⑳人から嫌われることが嫌《いや》なので、率直に意見することができない。
㉑人に負けるのは絶対に嫌である。
㉒人生を振り返ってどうしても許せない人がいる。
㉓いつも自分を守ってくれる人がいた。
㉔「自分はどうしようもない」と自己否定してしまう。
㉕「どうせできない。自分なんか」と、最初からあきらめてしまうことが多い。
㉖何かを実現することよりも、皆が「和気あいあいとして楽しいこと」が重要である。
㉗歴史上の人物（英雄、天才、奇才……）にあこがれる。
㉘「怒り」がたやすく態度に現れてしまう。
㉙いつも自分中心でないと気持ちが悪い。

㉚「屈しないことが強いことである」と思う。
㉛「自分にはそれほど強い執われがない」と思っている。
㉜「迷惑をかけるくらいなら、何もしない方がましである」と思う。

次に、次頁の線表（図表1）を使って、結果を集計してみましょう。まず、横線に従って、自分がチェックした項目のボックスに印をつけます。次に、縦線に従って、印がつけられたボックスの数を集計し、AからDの欄にその合計を記入します。

最後に、その結果をその次の頁の集計シート（図表2）に書き入れます。七点～八点には◎、五点～六点には○、三点～四点には△、二点以下は空白として下さい。

点数が高くなるにつれてその傾向が顕著であると考えられます。○は強い傾向、◎はより強い傾向と受けとめる必要があります。あなたには、「四つの偽我」のいずれが強く現れているでしょうか。

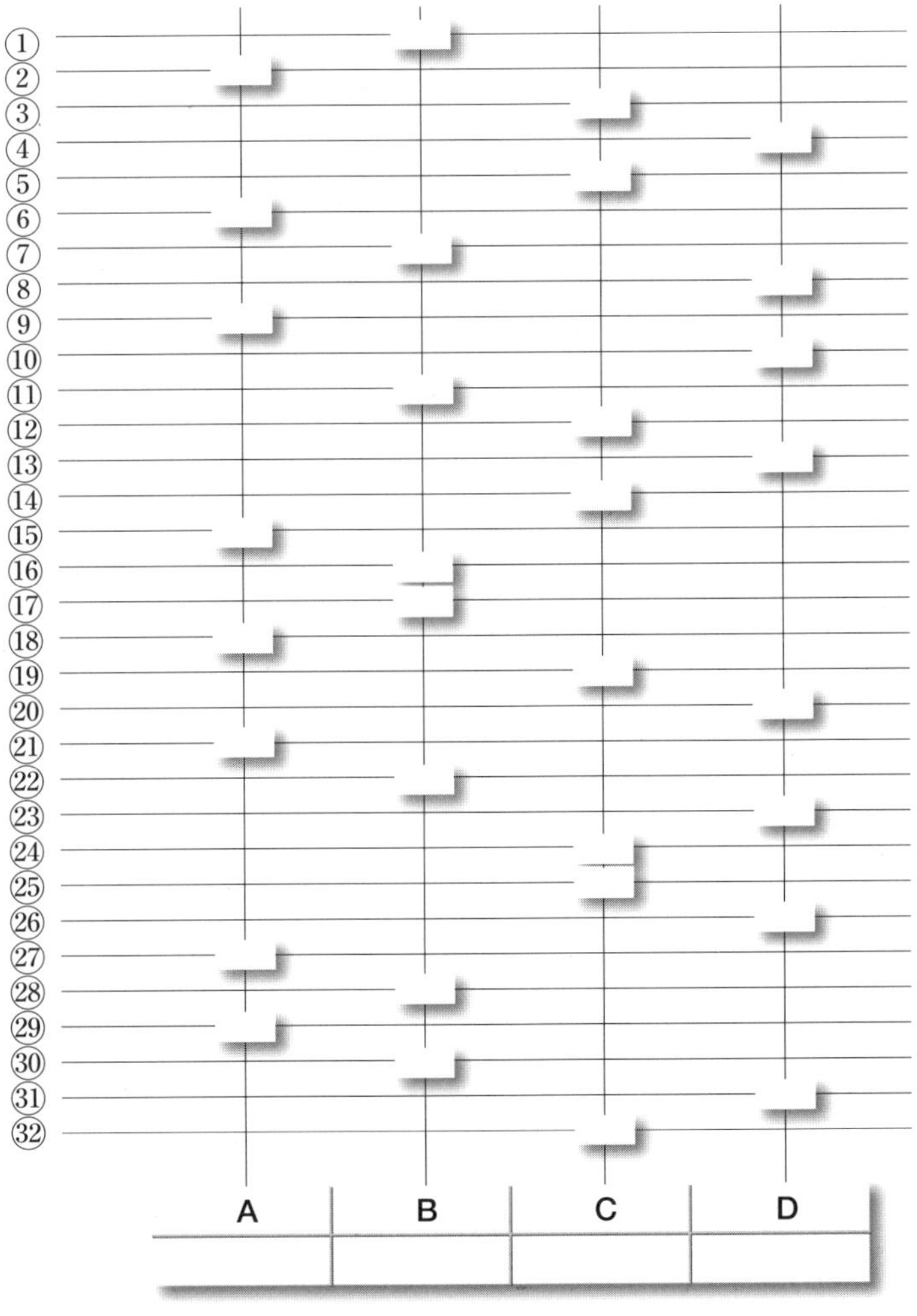

図表1　自己診断チャート集計シート(a)

A	自信家	
B	被害者	
C	卑下者	
D	幸福者	

7～8…◎
5～6…○
3～4…△
0～2…空白

図表2　自己診断チャート集計シート（b）

編集部註

＊1　周転円　惑星《わくせい》は、本来の天体の運行方向とは時折逆行し、時に一カ所にとどまり、しばらくすると再び元に戻る。天動説によってその運動を説明するために用いられたのが、惑星は地球の位置とは少しずれた中心の円（離心円）の軌道上を、小さく円を描きながら動く（この円を「周転円」と呼ぶ）という考え方である。惑星の天球上に大小いくつもの周転円を重ね合わせ、天球と複数の周転円が同時に回転することによって、行きつ戻りつする惑星の経路を記述しようとした。観測データが蓄積され惑星の動きが詳細に分かるようになるにつれて、周転円の数も増加の一途を辿り、コペルニクスの時代には、天動説は複雑の極みに達していた。

＊2　指導原理　宇宙に遍《あまね》く存在し、一切の存在を生かし、宇宙の意志と一つに響き合う方向へと導き続けている原理のこと。病や傷を癒し、切れた絆を結び直し、混乱を調和へと導いている（詳しくは、『グランドチャレンジ』一五七～一六三頁、『レボリューション』七十一～七十三頁、『サイレント・コーリング』二一五～二二〇頁参照）。

＊3　永遠の生命　人間は本来、肉体と魂からなっている存在であり、「永遠の生命」とは、その人間の本質である魂のことを言う。それは、不滅であり、あの世（実在界）とこの世（現象界）を往き来し、すべてのいのちと見えない絆に結ばれたつながりをもつ生命である（詳しくは、『永

遠の生命』十三〜七十頁参照)。

＊4　精神世界と現象世界　精神世界とは、私たちの内側に広がる内界、心の世界を示す。現象世界とは、外側に広がる世界、現実のことである。人間が人間であることの所以《ゆえん》は、この精神と現象をつなぎ生きることができるところにあり、精神と現象が本来的に融合するとき、人類がいまだ体験したことのない想像を絶する力が発揮される(詳しくは、『グランドチャレンジ』十五〜二十八頁参照)。

＊5　八正道　釈尊が説いた法の実践の要諦《ようてい》とされる。正見、正思、正語、正業、正命、正精進、正念、正定の八つの道を言う。八正道は、心の構えを育て(正見)、思い考え判断し(正思)、語り(正語)、行為し(正業)、具体的な生活の全体を見直し(正命)、努力の仕方を整え(正精進)、そして想念の抱き方を整え(正念)、安らぎの心を得る(正定)、自分自身の発見と成長の道である。

＊6　諸行無常、諸法無我　諸行無常とは、万物は常に変化して少しの間もとどまらないということ。この現象界では、一切のものは時の流れの中で消滅する定《さだめ》にあり、永久不変なものは何一つない。諸法無我とは、すべてのものは互いに相依《あいよ》り合い、関わり合って存在しており、孤立自存しているものは何一つないということ(詳しくは、『希望の原理』一五三〜一七一頁。『グラン

ドチャレンジ』二二〇～二二四頁参照)。

＊7　受発色　私たちが、外（現象世界）で生じた出来事を、内（精神世界）に受けとめる受信のことを「受」。そして、この受信を受けて、現象世界に関わってゆく発信のことを「発」。「色《しき》」とは、仏教の言葉で、目に見える現実——人のことも含めて事件や出来事、現象世界のことを「色」という。人間は、生きている限り、この受発色のトライアングル（三角形）を回し続け、たとえ無自覚であったとしても現実を生み出し続け、未来をつくり上げてしまう。

＊8　四つの偽我、偽我・善我・真我　「四つの偽我（人格）」とは、私たちの生まれ育ちの中でつくられる四つの傾向を持つ人格——「自信家」「被害者」「卑下者」「幸福者」のことを言う。自信家は、心不在の現実重視。被害者は、他者不信。卑下者は、自己不信。そして幸福者は、現実不在の心重視といった誤った信念を持つ。

私たちの内界、心の中心には、魂が座しており、さらにその中心には、純化された光の領域が広がり、その場所は愛と智慧のエネルギーの次元でもある。この一人ひとりの存在の核となる最も本質的な我を「真我」と呼ぶ。そして、「善我」とは、生まれっ放し育ちっ放しの自分自身である「偽我」から離れた、もう一人の自分、見つめ生きる自分のことである。偽我の動きを止観し、吟味、浄化してゆき、祈りによって真我と対話するのが善我のはたらきである(詳しくは、『グランドチャレンジ』一六四～一七〇頁)。

＊9　宿命の洞窟　人間は、この世に生まれるならば、誰もが宿命の洞窟の中からその生を始めなくてはならない。そして、その洞窟の外に広がる真実の世界を知ることもなく、ましてやどうすればその外に出ることができるのか見当さえつかない。宿命の洞窟は、魂の内側に蓄えられた因子（魂願とカルマ）と人生の成り立ちの中で流れ込む三つの「ち」（血・地・知）の二重の鎖《くさり》によって、私たちの魂をがんじがらめにしてしまう（詳しくは、『希望の原理』一〇五〜一四三頁、『ディスカバリー』一〇〇〜一〇一頁参照）。

＊10　「止観シート」と『祈りのみち』　「止観シート」とは、私たちの内界で営まれる「感じ・受けとめ・考え・行為」の実在に対するリアリティを育み、一瞬一瞬の心の動きを見とり、その無自覚的傾向の発見へと導くためのシート（『ディスカバリー』八十七頁、『グランドチャレンジ』二九三〜三三二頁参照）。そして、『祈りのみち』とは、いつ、いかなる時も、自ら自身に立ち還り、降りかかるどのような厳しい現実に対しても、勇気をもって引き受けることができるように——そうした願いから生まれた祈りの道標（三宝出版刊）。

＊11　ＴＬ《トータルライフ》人間学に基づく経営・医療・教育（ＴＬ経営・ＴＬ医療・ＴＬ教育）、ＴＬ教育開墾　ＴＬ人間学とは、現代社会の中で人間が見失ってしまった絆——人と人、人と自然、人と社会、自分と人生、心と身体などを結ぶ目に見えないつながり——を知り、その恢復《かいふく》に努め、応えてゆく道を示す。著者が提唱する永遠の生命観に基づく人間学。

ＴＬ経営・ＴＬ医療・ＴＬ教育とは、そのＴＬ人間学による新しい人間観、世界観をもとに二十一世紀の経営・医療・教育のあり方を示す。なお、「ＴＬ教育開墾」とは、ＴＬ教育を志す教育者の研鑽と実践、ネットワークのための場のことを言う。

＊12　シリーズセミナー　経営、医療、教育等、様々な専門分野の方が、ＴＬ人間学を学び実践するためのセミナー。本書に示されているニューパラダイムと受発色革命に基づいて、新たな時代の文明を創造することを願いとして、それぞれの現場で実践し現実を変革してゆくことをめざしている。

＊13　因縁果報ウイズダム指南　経営者・医療者・教育者が、それぞれの現場にある様々な問題を解決し、願われる現実を創造してゆくために、「因縁果報ウイズダム」の極意を体得できるよう具体的に導くための指南書。経営篇、医療篇、教育篇の三篇がある。

主な参考文献（書名アイウエオ順）

『科学史の事件簿』（科学朝日編、朝日新聞社）
『コペルニクス・天球回転論』（高橋憲一訳、みすず書房）
『坂本龍馬全集』（平尾道雄監修、宮地佐一郎編集・解説、光風社）
『聖徳太子　日本の名著2』（中村元責任編集、中央公論社）
『沈黙の春』（レイチェル・カーソン著、青樹簗一訳、新潮社）
『鉄鋼王カーネギー自伝』（カーネギー著、坂西志保訳、角川書店）
『ナイチンゲール著作集（1・2・3）』
（ナイチンゲール著、薄井担子他訳、現代社）
『ナポレオン言行録』（オクターヴ・オブリ編、大塚幸男訳、岩波文庫）
『ニコラウス・コペルニクス　その人と時代』
（ヤン・アダムチェフスキ著、小町真之他訳、日本放送出版協会）
『法然上人伝（上・下）』（大橋俊雄著、春秋社）
『宮沢賢治』（山内修編著、河出書房新社）
『わたしの非暴力』（ガンジー著、森本達雄訳、みすず書房）

著者プロフィール
高橋佳子（たかはし けいこ）
1956年、東京生まれ。

現代社会が抱える様々な問題を、自ら自身の責任として引き寄せて、意識と現実の同時変革によって解決し、まったく新しい事態を創造するという「鮮烈なる変革」の道を提唱する。現在、経営者・医療者・教育者・科学者・法律家・芸術家等、様々な分野の専門家を対象とするセミナーにて、氏の提唱するトータルライフ（TL）人間学を講義し、その中からすでに多数の実践者が輩出している。また、21世紀を担う青年たちをはじめとする様々な世代の人々がTL人間学を学ぶGLAの指導にも当たるほか、精力的に執筆や講演活動に取り組んでいる。
TL人間学は、主として人間の精神と現実世界との関わりの真相を明らかにし、多種多様な問題を根本的に解決して新たな現実の創造を可能にする道を示す。その理論の根底には、永遠の生命観に基づく21世紀のニューパラダイムが明示されている。
著書には、『サイレント・コーリング』『祈りのみち』『天地有情』『天涙』『天の響 地の物語』『永遠の生命』『明智の源流へ』『ディスカバリー』『レボリューション』『希望の原理』『グランドチャレンジ』『千年の風』『FUTURE』『チャレンジ!』『ワンダーランド』『トライ!』『The Principle of Hope』（『希望の原理』英語版）［以上、三宝出版］『人間の絆』三部作［祥伝社］などがある。また、毎年美しい自然の風景とともに著者の詩が掲載されたカレンダー（三宝出版）が発刊されている。

新しい力
「私が変わります」宣言

2001年6月25日　初版第一刷発行
2001年8月1日　初版第二刷発行
2001年8月8日　初版第三刷発行
2001年8月20日　初版第四刷発行

著　者　高橋佳子
発行者　高橋一栄
発行所　三宝出版株式会社
〒130-0001　東京都墨田区吾妻橋1-17-4　伊藤ビル
電話　03-3829-1020
http://www.sampoh.co.jp/
印刷所　株式会社アクティブ

ISBN4-87928-035-6

装幀　今井宏明・三宅正志
写真提供　毎日新聞社・PPS通信社